徽州文化知识必修课

中共黄山市委党校（行政学院） 编

合肥工业大学出版社

图书在版编目（CIP）数据

徽州文化知识必修课/中共黄山市委党校（行政学院）编 . --合肥：
合肥工业大学出版社,2024. -- ISBN 978 - 7 - 5650 - 6952 - 9

Ⅰ.K295.42

中国国家版本馆 CIP 数据核字第 2024J27A71 号

徽州文化知识必修课

中共黄山市委党校（行政学院）　编　　　　责任编辑　张　慧

出　版　合肥工业大学出版社	版　次　2024 年 12 月第 1 版
地　址　合肥市屯溪路 193 号	印　次　2024 年 12 月第 1 次印刷
邮　编　230009	开　本　710 毫米×1010 毫米　1/16
电　话　人文社科出版中心：0551 - 62903205	印　张　14.25
营销与储运管理中心：0551 - 62903198	字　数　131 千字
网　址　press. hfut. edu. cn	印　刷　安徽联众印刷有限公司
E-mail　hfutpress@163.com	发　行　全国新华书店

ISBN 978 - 7 - 5650 - 6952 - 9　　　　　　　　　　定价：46.00 元

如果有影响阅读的印装质量问题,请与出版社营销与储运管理中心联系调换

编 委 会

序

黄山市人大常委会副主任

中共黄山市委党校常务副校长　　卢邦生

文化关乎国本、国运，文化兴则国运兴，文化强则民族强。当今世界百年未有之大变局加速演进，文化越来越成为综合国力竞争的重要力量；中华民族伟大复兴进入关键时期，文化越来越成为强国建设、民族复兴的强大支撑。

党的二十大报告强调："只有把马克思主义基本原理同中国具体实际相结合、同中华优秀传统文化相结合，坚持运用辩证唯物主义和历史唯物主义，才能正确回答时代和实践提出的重大问题，才能始终保持马克思主义的蓬勃生机和旺盛活力。"中华优秀传统文化既为中国式现代化提供了思想滋养，又为中国式现代化厚植了价值追求。

博大精深的徽州文化是中华优秀传统文化的瑰宝，蕴含着中华民族独特的精神标志与文化基因，黄山市是徽州文化的发祥地和核心传承区。了解掌握运用好徽州文化，是落实习近平文化思想的理论需要；了解掌握运用好徽州文化，是坚守中华文化主体性，赓续中华优秀传统文化"根脉"的迫切需要；了解掌握运用好徽州文化，是推动徽州优秀传统文化创造性转化和创新性发展的现实需求。

党校作为培训党的领导干部的主渠道、主阵地，提高各级领导干部运用马克思主义基本原理解决当代中国实际问题的能力，培养造就堪当民族复兴重任的高素质干部队伍是职责所在、使命所在。中共黄山市委党校（行政学院）历来重视对领导干部徽州文化素养的培养，不仅邀请了业内权威专家学者开设专题课程，还专门开发了徽州文化现场教学基地，打造现场教学品牌如崇正学堂徽州文化教育基地、徽州府衙历史廉政文化昭示教育基地、西递"作退一步想"等现场教学基地。为使黄山市各级领导干部能学好用好徽州文化知识，中共黄山市委党校特别组织专家学者编著《徽州文化知识必修课》一书。

《徽州文化知识必修课》共十万余字，分十章三十五节。第一章至第二章，对徽州文化的体系构成、徽州文化形成的原因及其特色进行了系统性的概述。第三章至第九章，对徽州宗族社会构建、徽州学术源流、徽商的崛起、徽州教育与科举的勃兴、徽州艺术的异彩、徽州科技成就与贡献、徽派建筑理念与营造风格等博大精深徽州文化知识中最璀璨的内容进行了较为详细的介绍。第十章则对徽州文化核心理念与当代价值进行了解读,特别提出了徽州文化对干部队伍建设的启示。

《徽州文化知识必修课》是面向在中共黄山市委党校培训的领导干部的徽州文化通识读本,希冀能为大家在黄山市建设中高质量传承创新徽州文化作出些许贡献。

是为序。

目　　录

第一章
徽州文化的体系构成

徽州文化博大精深，内涵丰富，走进徽州，人们听到的、看到的，都是徽州文化。那么到底什么是徽州文化？徽州文化有自己的体系吗？现在就让我们走进徽州文化，了解什么是徽州文化及其体系构成。在徽州大地上，触目皆是徽州文化，但徽州文化是有层次的，犹如一棵大树，四大基础是文化之根，五个方面是文化之干，各项具体的表现或者说表象则是这棵文化之树的枝叶和花朵。

第一节　什么是徽州文化

徽州地处皖南山区，环绕四周的黄山、天目山、白际山、五龙山山脉，海拔均在 1000 米以上，相对高度 800 米以上，将徽州与其他地区截然分开，形成一个独立的自然地理单元。以黄山山脉为界，南坡有流向东南钱塘江流域的新安江水系，流向西南鄱阳湖流域的阊江水系、乐安江水系；北坡有直接流入长江的青弋江、秋浦河水系。清乾隆时著名诗人黄仲则诗曰："一滩复一滩，一滩高十丈，三百六十滩，新安在天上。"此诗道出了徽州特殊的地理环境，其中所说的"新安"，即为高处钱塘江源头山地的徽州。

徽州历史悠久，文化的源头可以追溯到四五万年以前新安江流域的智人时代，旧石器时代就已经有先民生活。而在新石器时代，这里的先民们已经创造了原始土著文化。西周时期，这里就有了最早的族国——"闳"。屯溪西郊奕棋村附近发现的西周至战国早期的墓葬，出土一大批青铜器、陶器、原始瓷器、玉石件和漆器残件，说明当时这一带的文化已经相当发达。

秦始皇统一全国后，在徽州境内设黟、歙二县。汉献帝建安十三年（208）十二月，孙权派遣威武中郎将贺齐出兵黟、歙，平定山越，将原黟、歙之地分为黟、歙、始新、新定、犁阳（后改为黎阳）、休阳 6 县，建新都郡，这是徽州州郡府一级行政设置的开始。西晋太康元年（280），改新都郡为新安郡。隋文帝开皇九年（589），改新安郡为歙州。唐大历五年（770），歙州辖歙、休宁、婺源、祁门、黟、绩溪县，形成延续至清末达 1142 年的"一府（州）六县"格局。宋宣和三年（1121）方腊起义被镇压，五月改歙州为徽州。至清宣统三年（1911），"徽州"二字一直没有变更，或称徽州路，或称徽州府。在长达 790 年的时间里，这 6 个县一直稳定地隶属于徽州，这在中国历史上是极为罕见的，对徽州文化的形成、发展和繁荣起到极大的作用。

徽州文化指的就是古徽州府属六县（歙县、休宁、婺源、祁门、绩溪、黟县）物质文明和精神文明的总和，内涵丰富，博大精深，是宋以后中国儒家文化在民间社会最完整、集中的体现和最典型的代表。

徽州文化涉及哲学、经济、社会、教育、学术、文学、艺术、工艺、建筑、医学等诸多学科，凡与徽州社会历史发展有关的内容，都可以纳入徽州文化的范畴。徽州文化是中国封建社会后期传统文化的典型代表，独树一帜，在各自领域都处于领先位置。

中国思想史大概经历了 5 个发展阶段：其一是春秋战国时期，百家争鸣，产生了一大批思想家；其二是西汉时

期，董仲舒独尊儒术；其三是南宋时期，新儒学兴起；其四是清代乾嘉时期，启蒙思想萌芽；其五是五四运动，近代新学思潮发端。其中南宋新儒学的代表人物朱熹是徽州婺源人，乾嘉启蒙思想的代表人物戴震是徽州休宁（今属屯溪区）人，五四运动代表人物之一的胡适是徽州绩溪人。中国思想史的 5 个发展阶段，徽州人就在 3 个发展阶段都占据了主要位置，由此可见一斑。

徽商在明代中叶至清道光年间，无论经商人数、活动范围、经营行业还是商业资本，都居全国各商人集团的首位，独领风骚 300 余年，为社会创造出巨大的物质财富。新安理学是 12 世纪以后中国哲学史和学术思想史的缩影，它对中国封建社会后期历史的发展，特别是对明清时期徽州社会的发展产生了巨大的影响。新安医学注重师承、家传，崇尚医德，追求德艺双馨，形成了一些学有所传、业有所精的医学世家，其所主张的"固本培元"理论，是中国传统医学中的精华。文学艺术方面更是硕果累累，在中国文学艺术史上占有一席之地。

宋以后，儒家文化成为中国传统文化的主流，但儒家文化在不同阶层有不同的反映形式。在统治阶层有它的治国之策，在文人阶层有它的理论体系和文论、诗歌等表现载体，反映在民间社会则体现在老百姓生活中的方方面面。儒家文化的其他层面在全国其他地区都有，唯有在民间社会，只有徽州才是它最集中的表现区域和最典型的代表。

譬如，徽州三雕依附于徽州建筑而存在，而建筑与人朝夕相伴，作为徽派建筑重要文化元素之一的徽州三雕，除了视觉审美以外，在宣传儒家思想方面起到了潜移默化的作用，成为儒家文化教化的一种符号。儒家思想中的读书入仕、忠孝节义、中庸和谐等特征在徽州被演绎成一个个故事，定格成一幅幅三雕图画。这些作品在表现儒家文化的本质特征时，采取的是深入浅出的表现方式，而不是说教，取材也都是普通老百姓喜闻乐见的戏曲唱本、文学典故、神话故事、名人逸事等。手法含蓄，象征意味浓厚，所以也最容易被老百姓所接受、吸纳。其他如楹联、匾额、歌谣、民俗礼仪等，莫不以儒家思想贯穿其中。徽州人从一生下来就生活在这样一种儒家思想的氛围之中，耳濡目染，每天都在进行精神陶冶浸淫。

徽州文化是中华民族文化的结晶，具有极高的文化价值和审美价值，精神内涵深刻。

第二节　徽州文化形成的四大基础

在"徽学"视域下，徽州文化属于大文化的范畴，凡与徽州社会历史发展有关的内容，都属于徽州文化，形成一个庞大的文化体系。这一文化体系的构成，建立在地理、

社会、思想、经济四大基础之上。地理是徽州文化形成的自然环境基础，徽州宗族是徽州文化形成的社会基础，新安理学是徽州文化的思想基础，徽商是徽州文化的经济基础。

徽州地处皖南山区，山多地少，俗有"七山一水一分田，一分道路和庄园"的说法。境内峰峦挺秀，河溪环绕，宛如天然公园。黄山72峰簇立云间，峥嵘雄奇，气势磅礴，汇奇松、怪石、云海、温泉"四绝"为一体，雄奇幻险，变化无穷，移步换景，涉目成画，被世人誉为"人间仙境"。齐云山与黄山遥遥相望，融丹霞地貌、山水风光、道教文化、摩崖石刻、碑刻和恐龙遗迹化石于一体，是江南著名的道教活动中心。新安江有"山水画廊"之称，江流澄碧，水色如镜，像一条闪闪发亮的银链，挂在锦峰秀岭、山乡古建筑之间，风光绮丽，娇柔妩媚。徽州的大自然美景历来受到人们的赞誉，半个多世纪前，伟大的人民教育家陶行知在《徽州人的新使命》一文中曾说："世界上只有一个地方和它相类，这个地方就是瑞士。"

地理环境是徽州文化产生的物质基础。新安画派的描绘对象就是徽州大好山水，而徽州山水对新安画派艺术特色的形成又具有观照作用。徽派建筑艺术同徽州的山水特征和地域美饰倾向接合得也很密切。徽州园林受徽州大好山水的影响，崇尚自然，就形造景，寓情于景。尤其徽州自然风光秀丽，处处是景，借景入园，全无人工雕饰的痕迹，是徽州园林的最大特色。众多的木、竹、石、砖资源为木、竹、石、砖雕刻艺术及竹编艺术提供了优越的条件。从经济角度看，山多田少，入不敷食，又促进了徽州商业经济的发展。

徽州社会构成的主体，是徽州的士族。这些士族主要来源于北方，明代以前可考的大姓有 57 个，主要有程、汪、吴、黄、胡、王、李、方、洪、余、鲍、戴、曹、江、孙 15 个大姓，号称"新安十五姓"。中原士族迁徽的主要原因有 3 条：一是封闭型的徽州地理环境，为北方躲避战乱的理想地方；二是外地来徽任职的官员，迷恋徽州的大好山水，留居不归；三是失意仕宦或贬谪文人，将闭塞、景美的徽州选作隐居之地。外来居民迁徽时间集中在 3 个阶段：第一阶段是两晋之际，当时北方遭永嘉之乱，形成北方人口南徙的第一次高潮。第二阶段是唐代，中唐的安史之乱与唐末的农民战争，使北方陷入动荡之中，因而出现了第二次北方人口南徙的高潮。第三阶段是两宋之际，当时正值北方靖康之乱。徽州外来士族主要来自中原，除了个别姓氏由不同的支派从不同的地点迁入以外，大多数均为同宗、同源派衍而出。这就给徽州这个比较独立而又较为封闭的地理单元形成一种严密的宗族观念创造了条件。有谱、有祠、有田是南宋徽州宗族社会形成的标志，但徽州宗族社会形态在南宋时并不完备，修谱、建祠、置族产也不普遍。直到明嘉靖、万历时期，徽州宗族社会才真正成熟。

　　新安理学是程朱理学的重要分支，由徽州理学家为主干组成，奉祖籍徽州篁墩的程颢、程颐和祖籍徽州婺源的朱熹为开山宗师，以维护继承、发扬光大程朱理学为基本宗旨。南宋是新安理学的形成时期，理学家们环护在朱熹周围，精研性理之学，著书立说，确立以朱子学为宗旨的基本原则。元代是新安理学发展较快的时期，这一时期的主要代表人物针对朱熹之后"异说"纷起的学术界状况，致力于维护朱子之学的纯洁性，将排斥"异论"、阐明与发扬朱子学本旨作为学术研究的重心。同时，元代新安理学家崇尚"气节"，不仕元朝，将精力集中于讲学授徒，培养了一批有一定建树和影响的新安理学学者，出现了人才辈出、学术研究深化和普及读物大量出现等新气象。明代是新安理学的极盛时期，主要代表人物在批评元代理学家墨守门户、死抱师门成说之弊的基础上，先后提出了求"本领"、求"真知"、求"实理"的新治经主张，并据此指导思想进行学术研究，形成了或"旁注诸经"阐明与发扬朱子之学，或"和会朱陆"弘扬本门宗旨的不同学术风格。从学术研究的成就和特色来看，这是新安理学发展史上最丰富灿烂的时期之一。而新安理学所倡导的儒家思想也成为徽州人的行为指南。

　　徽州境内自然条件恶劣，生产技术低下，用力甚勤，所得甚寡。唐宋以后，随着人口的增多，开始出现收不敷食的情况，70%的食粮仰懒江西、江苏、浙江供给。为了获得换取食粮的货币，徽州人充分利用当地山清水秀的自然地理特点，开展多种经营，植茶、造纸、制墨、制砚等，形成了徽州土特产丰富和手工业发达的经济特色。输出特产和手工制品，换回粮食。这种经常性的交换，使徽州人不断地积累从商经验。正是在这种特定的环境下，徽商逐步成长起来。宋代，随着大量土特产品和著名手工业产品的兴盛，商品交换日趋发达。徽纸远销四川，夺得当地蜀笺的市场。南宋建都临安（杭州），大兴土木，使竹木和漆的市利百倍，对徽州商业资本的发展更加起了刺激作用。这一时期，在徽州人的生业中，经商已经开始占有位置，徽州经商风气兴起，为徽商的成长奠定基础。元代，徽州的商品经济得到进一步的发展，产生了不少大商人。徽商的崛起以明初盐业开中制为契机，以经营盐业为中心，开始雄飞于中国商界。明嘉靖四十年（1561），徽商最早的集团组织——歙县会馆在北京创设，标志着徽商活动进入了一个新的阶段。明代中叶以后至清道光年间的 300 余年，是徽商发展的黄金时代，营业人数、活动范围、经营行业、商业资本都居全国各商人集团的首位。

徽州文化的地理、社会、思想、经济四大基础中，地理基础是自然形成的，社会、思想、经济三大基础的形成与奠定则相互影响、相互促进。宗族社会是在理学家们的倡导下形成的，修谱、建祠、置族产都需要钱，徽州大规模修谱、建祠、置族产同徽商的崛起同步，徽商是徽州宗

族社会形成的经济保障。同时徽州的理学家们提出"贾何负于儒",又为徽商的崛起提供理论基础,为徽州人理直气壮地开展商业经营打开思想禁锢。同样,徽商以其充沛的资金,支持教育和学术研讨,为新安理学的繁荣和壮大提供帮助。宗族也以地缘和血缘关系为徽商的发展提供帮助。社会、思想、经济三大基础的形成和成熟以及三者完全融合,带动教育、学术、文学、艺术、工艺、建筑、医学、民俗等各方面发展,形成新安医学、新安画派、徽派建筑、徽派版画、徽派篆刻、徽派朴学、徽剧、徽菜等学术艺术流派,使明清时代徽州文化进入一个光辉灿烂的时期。而徽州文化在各个领域取得的成绩,也都与地理、宗族、理学、徽商有关,深深打下这4个方面的烙印。

第三节　徽州文化构成的五个方面

徽州文化的社会基础、思想基础和经济基础分实以后,促进了徽州文化在5个方面的全面发展。

一、教育普及,大大提高徽州人的素质水平

人的素质提高主要依赖于教育的普及。北方士族迁入徽州,带来发达的中原文化,以教化乡里,礼授社会,习

俗由此渐变。宋罗愿《新安志》记载："其人自昔特多以材力保捍乡土为称，其后浸有文士。黄巢之乱，中原衣冠避地保于此，后或去或留，俗益向文雅，宋兴则名臣辈出。"南宋以后，一个重文重教的社会习俗已在徽州形成。重视教育成为徽州千百年来的传统。

教育普及的第一个成果是徽州人的学问水平大大提高：科举兴旺、名人辈出。明清时期，根据地方志记载统计，明代徽州有举人 1100 多人，清代有 1536 人。明代徽州进士 452 人，居全国第 13 位；清代徽州进士 684 人，居全国第 4 位。明代徽州状元为 3 人。而清代 112 科 112 名状元中，徽州本籍状元 4 人，寄籍状元 15 名，共 19 人，约占全国的 17%，居全国第一位（原被认为状元数最多的苏州府共有状元 24 人，但其中有 6 人为徽州人）。此外，歙县明清两代共取进士 623 人，居安徽省诸府首位。徽州历史上人文荟萃，名人代出。《辞海》单列条目中，徽州人有 51 人，列全国各州府之首。《中国人名大辞典》收集清以前历代人物 4 万多人，徽州人就有 747 人（不含侨居外地的徽籍名人）。《中医大辞典》载有安徽籍名医 118 人，其中徽州 84 人，约占 71.2%。梁章钜的《清代名人书画家辞典》收录清代擅书者 1235 人，徽州有 20 人，其中歙县 11 人、休宁县 4 人、徽州（未具名县属）2 人。冯克诚的《清代绘画史》15 章，涉及区域绘画流派的有 5 章，徽州专门有 1 章。同时，谈到其他地区绘画流派及其他章节中，也经常提到徽州的画家，

如"扬州八怪"中的两怪汪士慎、罗聘是徽州人,"四大画僧"中的弘仁是徽州人,"金陵四逸"之一的程正揆是徽州人,"海派三大画师"中的虚谷是徽州人;谈到清代版画专门提到"徽派版画"和歙县虬村黄氏刻工,谈到清代书画鉴藏家时提到的徽州人有詹景凤(休宁人)、姚际恒(休宁人)、胡积堂(黟县人)、吴其贞(歙县人)等。张予一等主编的《中国科学技术人物辞典》共收录明清时期科技人物 382 人,徽州有 28 人,其中歙县 15 人、婺源 6 人、休宁 3 人、祁门 2 人、徽州(未具名县属)2 人。

教育普及的第二个成果是徽州人的劳动技能大大提高:百工之作皆备。徽州地处山区的自然环境,限制了人们单一从事农田耕作,不得不从农田以外去想办法。嘉靖《徽州府志》就有记载,为了从农田以外寻求生活出路,于是"百工之作皆备"。唐宋以来,徽州与印刷业有关的造纸、制墨工艺一直很发达。砚雕和墨模制作,唐宋也已得到高度发展。到了明清时期,徽州刻工大量涌现,尤以汪、黄、仇、刘四姓最为突出。歙县虬村黄氏一族,世代"剞劂",从明天顺到清道光,时间长达 400 余年,称得上"剞劂世家"。黄氏一族世代刻书,积累了丰富的刻书经验,特别在插图雕版上,具有很高的造诣,对徽派版画艺术的贡献功不可没。一些绘画、篆刻名家,如丁云鹏、何震、郑旼、汪肇龙等,一度也是以绘画、篆刻作为自己谋生的手段,这对促进绘画和篆刻艺术的发展都起到了一定的作用。

教育普及的第三个成果是徽州人的道德观念大大提高：百姓礼让、官吏廉洁。徽州人非常注重礼节，待人处事有长幼尊卑之分，尊上要行跪拜礼，坐不争上，食不争多，行不争先，称为"三不"礼节。与人交谈，书信往来，对人尊呼，对己谦称。见面互行拱手礼，互致问候。给客人端菜、送饭，用双手捧碗。登门做客或探望病人，一般都要赠送糕点食品。在古徽州历朝历代的杰出人物中，名臣廉吏辈不乏人。如绩溪人葛兴，明成化间在山东济宁州当判官，3 年下来，于民有惠政，百姓民谣相传颂。鲁王特书"德政"匾旌表。后来巡抚都御史侣钟行访知其清廉，也写了一副联语相赠："一官清似水，百姓重如山"。

二、艺术繁荣，提升了徽州文化的影响力

徽剧对全国各个剧种都产生了影响，婺剧、赣剧、滇剧、粤剧、桂剧、淮剧等，都有徽剧的成分。清乾隆年间，四大徽班进京，徽剧又同汉剧等剧种结合，逐渐演变成中国的国剧——京剧，成就中国戏剧史上辉煌的一页。当徽州人提到徽剧与京剧的关系时，无不骄傲地说："徽剧乃京剧之母。"新安画家以遗民苍凉孤傲之情，化作笔下的峻岭奇松、悬崖峭石、疏流寒柯，作品体现出一种超尘拔俗和凛若冰霜的气质，意境深邃，是明清文人画的正统继承者。徽派版画代表了中国传统版画的最高成就，著名学者郑振

铎看精彩的徽派版画代表作《十竹斋笺谱》，大为赞叹，称《十竹斋笺谱》"已跻彩色版画至高之界"。鲁迅也赞誉《十竹斋笺谱》是"明末清初士大夫清玩文化之最高成就"。1933 年和 1936 年鲁迅与郑振铎二度联手翻刻此书，传为文坛佳话，由此可见《十竹斋笺谱》的魅力。同时，徽派版画所体现的套版印刷法，也是我国在世界印刷史上的第二大贡献。徽派篆刻贯穿整个中国文人篆刻史始终，而且在文人篆刻的每个发展阶段都有贡献，成为中国文人篆刻史上的主流派别。

三、学术成果丰富，反映了徽州人的思辨能力

徽派朴学是清代中国学术史上最重要的学术流派。徽州朴学家治学范围广博，具体课题窄而深。在治学方法上，善于提出规律性的问题，发前人所未发。求实求真，敢于突破前人旧说提出己见。以名物训诂以通经义，以语义分析阐发哲学思想。徽派朴学家并不局限于考据范畴，戴震曾说："六书、九数等事，如轿夫然，所以舁轿中人也。"又说："经之至者道也，所以明道者其词也，所以成词者字也。由字以通词，由词以通其道。"考据对于戴震来说只是手段，将文字训诂与名物制度作为名道的工具，阐发"义理"才是目的。戴震是徽派朴学的领袖，他在精严考据的基础上阐发义理，把对理学的批判与对封建特权的批判紧密地结合起来，建立起一套具有人道主义意义的人性理论。

史学领域，程瑶田运用传统史料同博物考古结合起来的治学方法，为近代考古学的建立开启了先河。经济学领域，王茂荫提出将官票宝钞改为可兑现钞票的理论，成为防止通货膨胀的先驱。王茂荫的主张虽然没有被清政府所采纳，但这件事被马克思所得悉，在《资本论》第一卷第一编第三章的一个附注中专门提到这件事，成为《资本论》中提到的唯一中国人。

四、科技成就显著，体现了徽州人的创新能力

新安医学是中医学领域中的翘楚，歙县人张杲南宋淳熙十六年（1189）撰成《医说》10 卷，是我国现存最早的记载大量医学史料的书籍。明代歙县江瓘的《名医类案》是我国第一部总结历代医案的专著，祁门徐春圃撰《古今医统大全》100 卷与清代歙县程杏轩的《医述》16 卷同被列入中国十大古代医学著作。徐春圃于明隆庆二年（1568）发起组织"一体堂仁宅医会"，是我国最早的医学学术团体。歙县方有执撰《伤寒论条辨》8 卷，首倡错简说，开医学一派之先河。新安医学注重师承、家传，形成了一些学有所传、业有所精的医学世家，其所主张的"固本培元"理论是中国传统医学中的精髓。

程大位的《算法统宗》是中国珠算学的集大成之作，而戴震致力弘扬我国数学的历史成就，开古算研究之先河。汪莱则从数学理论本身做出了创造性的成果，他在方程论、

组合论及二进制方面的研究，更是令世人瞩目。此外，在地理学、物理学、农学、生物学等方面，徽州也都有很多贡献。

五、经济与文化提高，极大丰富了徽州人的生活

人们尽量享受精美雅致的物质生活，注重人居环境的营造，强调饮食的可口美味，创造出了徽派建筑与徽菜两大居住与饮食流派。在村落建设上，或枕山傍水，或夹溪而筑，村子四周青山相峙，既得山泉溪水之便利，又有青山绿树为屏障。从宅院里推窗远眺，天然图画尽收眼底。天井洒落进阳光雨露，小院植置着花木假山。在这里，人类与大自然完全融为一体，你中有我，我中有你。宅居、祠堂、牌坊"古建三绝"，成为徽派建筑的象征。徽州三雕与建筑整体配合得极为严密稳妥，其布局之工、结构之巧、装饰之美、雕刻之精，令人叹为观止。对饮食的不断改进，促使了徽菜菜系的产生，成为与鲁菜、淮扬菜、川菜、粤菜、湘菜、闽菜、浙菜并峙的八大菜系之一。

物质生活得到保障，随之而来的是对精神生活的追求。于是，民间娱乐大为盛行，穿插于生产生活礼仪、人生礼仪和岁时节日习俗之中，调节人们的精神生活。徽州民间娱乐风俗表现形式多种多样，内容丰富多彩，洋溢着浓厚的乡土气息。徽州人对戏曲的喜爱，更是到了无以复加的

程度。当村民犯了错，一些惩罚手段也颇具文化色彩，如罚戏。谁犯了错，谁就得请戏班子来村里演出，所有的费用都由犯错者出。这样，既达到了惩罚的目的，又使全村的人得到了欢愉。同时，业余时间的把玩与欣赏，也促使徽州民间收藏和徽派盆景的大量涌现。

第二章
徽州文化形成的原因及其特色

　　徽州文化的形成有多种原因，其中移民运动提高了徽州人的素质、建立了徽州人共同的文化意识，增强了徽州宗族凝聚力，加快了徽州经济发展转型；地理环境促进了徽州文化特色的产生和商品经济的发展，创造了明清徽商的鼎盛；汉文化的包容性，促进了与越文化的和谐融合。它们共同促使徽州文化形成儒家化、平民化、兼容性、乡土性和扩张性特色。

第一节　移民运动的推动作用

徽州文化的形成，移民起到重要作用。在晋永嘉之乱、唐黄巢起义和安史之乱、宋靖康之乱中国 3 次大的移民高潮中，中原士族次第而至徽州，其中第一批来到徽州的移民比第二批移民要早 500 多年，而第二批移民又比第三批移民早 300 多年。因此，在与当地土著的交往中，他们所扮演的角色也不尽相同。最早来到的移民，相对人数较少，只有 15 个姓，在土著强势的情形下，必然处处适应当地的习俗，如泰伯至东吴荆蛮地区断发文身、遵行当地民族的习惯一样，文化融合也是以中原汉文化适应土著越文化为主。其中明显的例子便是，土著越人"好武习战，高尚气力"，如果移民没有"好武"的斗志和强壮的体魄，难以在这里立住脚跟。来到徽州的移民，都是久经战乱的逃亡者，经过长期跋涉和磨炼，体力和智力方面的弱者被淘汰。最终到达徽州的，是其中的强者，自然能适应这里的环境。在中原人士的土著化过程中，他们中间也出了不少以"武功"著称的人物。如程灵洗"少以勇力闻，步行日二百余里，便骑善游"，他的儿子程文季也是"幼习骑射，多干略果决"，汪华"少以勇侠闻"，程富"以勇力闻"，汪节"有神力"等。当然，同样尚武，也有着越文化与汉文化之间的差异，这就是越文化剽悍犯险和汉文化保捍乡土的区别。《新安志》称徽州人"自昔特多以材力保捍乡土为称"，实际上包括了程灵洗和汪华等人。

唐末黄巢起义和安史之乱之后，中原士族大规模迁入徽州，达36个姓。姓氏之多，人口之众，将近第一次移民运动的3倍，改变了原来土著居民占据优势的社会结构，为中原汉文化注入新生力量，汉文化也由原来的弱势转为强势。这次中原移民的时间是在唐末，所以移民造成的影响不在隋唐，而在五代北宋时期。确切地说，徽州土著文化与中原汉文化的融合，是由这批移民来完成的。如果说，第一批移民的到来，徽州土著文化开始尝试适应与接受中原汉文化，开始了两种文化的初步融合，那么这第二批移民的到来，为土著越文化与中原汉文化的完全融合奠定基础。移民中的精英，学而优则仕，成为参与朝政的权臣，提高了徽州人在中央的话语权。五代时期，徽州考中进士的胡昌翼、王震、舒雅、查陶、吕文仲、吴逸6个人，其中除了吴姓以外，王、舒、吕、查姓都是唐末迁徽州的，胡昌翼原本是唐皇室后裔，唐末迁婺源才改姓胡。北宋徽州进士人数的急剧增加，以及中原士族在日常生活中践行儒家思想的行为，确立了汉文化在徽州的主导地位，使徽州摆脱了土著文化的尚武习气，向汉文化崇尚文雅转变。罗愿《新安志》所说"黄巢之乱，中原衣冠避地保于此，后或去或留，俗益向文雅，宋兴则名臣辈出"，就是把唐末的第二次移民运动当成中原汉文化影响徽州民风的主因。移民中的下层庶族，则与当地民众一道开荒拓土，发展经济。如陈禧在休宁藤溪开垦荒山，张彻在婺源甲道专务种植，关西卒在婺源开荒屯田，奚超、奚廷珪带来精湛的制墨技术等，使北宋时期的徽州经济得到全面开发。

同样，第三次移民高潮发生在北宋末期，移民的影响力体现在南宋。如果说第二次移民运动促使了土著文化与汉文化的完全融合，第三次移民运动则加快了汉文化在徽州民间的渗透，促使徽州人文全面勃兴，经济转型，使得新安理学、徽州宗族制度和徽商相继萌芽，奠定徽州文化的思想基础、社会基础和经济基础，形成新质的徽州文化。

移民运动提高了徽州人的素质、建立了徽州人共同的文化意识，增强了徽州宗族凝聚力，加快了徽州经济发展转型，促进了徽州经商风气的兴起，是徽州文化形成的主要推动力。

第二节　地理环境的促进作用

地理环境与文化发展存在内在联系，环境为文化提供基本的生存发展条件，同时各种客观条件的限制也为文化的发展规定了大概的方向，而各地人民凭借着自己发展历史所创造出的经验，在有限的地理环境中进行选择，最终形成各种文化不同的风格。徽州文化萌芽发展过程中，地理因素起到了哺育与催化作用。从文化学的角度，徽州的地理环境促进了徽州文化特色的产生。从经济角度，徽州境土的偏狭与山林经济的发达则促进了商品经济的发展，创造了明清徽商的鼎盛。

徽州是一块高台盆地，康熙《徽州府志》记载："东有大鄣山之固，西有浙岭之塞，南有江滩之险，北有黄山之扼。"徽州四周的黄山、天目山、白际山、五龙山将徽州与其他地区截然分开。作为一块以钱塘江上游水系为中心、兼跨长江流域、江河四射的高台盆地，徽州有着天然的地理屏障为庇护，故徽州土著越人得天独厚，在山岭环峙的环境中乐土安身，不必竞争，自产自足，乐食其天，使得古越文化得以不受干扰，独立发展，成为早期徽州文明的摇篮。

徽州地处深山大谷，四面皆山，阻隔了与外界的广泛联系。这种封闭的地理环境，容易造成封闭的民族心理，带有很强的稳定性（或曰惰性），习惯于崇古守旧，一方面具有浓厚的自我认同感和小团体性，另一方面又有强烈的排外性。先秦时期在这个高台盆地上出现的"闭国"不被外界所知，汉末、晋南北朝时期山越对统治阶级的反抗，都是这种文化习性的表现。汉文化输入，使徽州封闭体系受到冲击。但在旧有的文化属性被打破时，封闭的地理环境依然存在，原有的小团体性和排他性不会被完全征服，而是融入新的文化体系之中，竭力保持其内核，并使二者互相融合、改造，创造出新的文化特质。

为了抵御山中虎豹等野兽的侵扰，生活在山区的古越人就有聚族而居的习性。士族迁入徽州以后，其注重家族血缘伦理的封闭性与徽州自然环境的封闭性重合，基本上也是以家庭为单位，形成一个个同姓而居的自然村落。村与村之间，由于交通阻碍，往往是"鸡犬之声相闻"，却"老死不相往来"。如黟县潜氏村，"门径悉为松萝所翳，每求盐米，晨出夕还，人无知者。"（《新安志》卷一《姓氏》）很多人老死家中，终身未曾外出。一些读书的学子，也是不到考试时间，不与官府打交道。这种情况一直到新质的徽州文化发展相当成熟的明代嘉靖、隆庆时期，依然如故。村与村，族与族，各自形成一种较为封闭的生活环境。整个徽州地区，就是一个大的封闭整体，明清时期还是"衣冠至百年不变，安土重迁，泥于阴阳"，"有千年祖坟，千人祠宇，千丁乡村，他处无有也"（康熙《徽州府志》卷二《风俗》）。这种情况为形成徽州近世宗族制度提供了环境便利。

封闭的地理环境还对语言产生很大的影响，由于交通不便，隔山不能交流，隔河不便交往。北方移民把中原语音带到徽州，加上移民来自不同时间、不同地点，中原语言本身也有差异，在各个独立的区域沉淀，同当地的土音交融，形成自己的语音特点。在漫长的历史发展过程中，徽州方言抵抗住中原语言的冲击，既没有演化成北方官话，也没有变同于吴语方言。徽州方言中既留有远古越语的痕迹，也保存着中古的汉音，还有近古语言的烙印。

徽州地处山区，相对于平原来说自然条件要差。但越是艰难的环境越能锻炼人的肌体力量，土著越人善于翻山越岭，"好武习战，高尚气力"，是环境使然。这种土著的尚武基因，始终存在于新质的徽州文化中。明清时期，徽州民间依然习武成风，至今民间仍留存不少延请拳师的"拳关"文书。祁门县查湾村汪姓宗族专门立有"拳头庄"，庄中佃仆只要是16～45岁体魄健康的男子，都要进行武术训练。尤其是休宁县汊口程氏以武术名世，明万历期间，县令侯安国召集汊口程氏在衙门内表演武术，"程氏子弟十余人，各手持其器至，刀戟犀利，鞭简皆重数十斤，使命之独舞，再对舞，继之群舞，飘花飞雪，回若旋风"（侯安国《〈耕余剩技〉叙》）。程冲斗更是一代武术宗师，著有《耕余剩技》一书流传后世，包括"少林棍法阐宗""单刀法选""长枪法选""蹶张心法"4个部分，是享誉武林的名著。

徽州地理环境还具有山清水秀、风景绮丽的特点。长期生长在这里，会给人一种超脱、清新、恬静的陶冶。新安画派淡雅简练，富有山林野逸、轩爽清秀的风味；徽派版画细密纤巧，典雅静穆；徽派盆景以树桩为材料，造型

奇特俊秀，富有动感。这些无一不是徽州山川钟灵毓秀使然。

徽州农业经济受到地理结构上"七山一水"的限制，可耕土地狭小。但这种限制以人口为参数，当人口与耕地平衡则可自足，一旦人口超过耕地的容量，人地关系的矛盾便显现。秦汉以前，土著居民砍伐丛棘，开荒种地，辛勤地开垦山区，遗留给后人以熟田米乡，相对自足。东晋南北朝，第一批中原士族迁居徽州，在他们的帮助下，徽州人充分开垦耕地，同时利用山林经济的优势，使徽州成了一个非常富足的地区，为商业资本的形成创造了条件。隋唐时期，徽州地区人口剧增，出现了田少人多、收不敷食的矛盾。为了解决这一矛盾，徽州人民充分利用当地的自然地理优势，开展多种经营，大规模种植生产茶叶。茶叶贸易的出现，使徽州经济开始由农耕为主向贸易方面进行划时代的转折。当第二批移民大规模到来时，人地关系的矛盾开始突显。于是人们除了往更偏僻的山区开荒拓土之外，便是利用当地的山区经济资源，大量发展手工业。五代以后，徽墨、歙砚、汪伯立笔、澄心堂纸、细嵌螺钿漆器等高档手工艺产品的出现，使徽州外向型经济趋势更加显现。南宋、元代，在当地开荒拓土已经变得越来越困难，地方志记载当时的情况时说："新安为郡，在万山间。其地险狭而不夷，其土骍刚而不化，水湍悍，少潴蓄。""火耕于山，旱种旅谷，早则具出。扳峻壁，呼邪许之歌，一唱十和，庸次比耦而汗种，以防虎狼。"由于耕地少，只能垦山为田，土既贫瘠，又无水灌溉；劳作艰苦，复有虎狼为患，耕作也只能刀耕火种，付出的多，收入却很少。同时，茶、木、桑、麻、漆等山区经济作物和"文房四宝"、漆器等手工产品的外销，也已不足以养活徽州人。于是，徽州人开始走出大山，迎来了明清徽商活动的灿烂时代。南宋、元代新质徽州文化的萌生和发展，已经使徽州成为人才济济、教育发达的文化之邦，为明清徽州商业反馈经济的开拓奠定坚实的文化基础。同时，徽商反馈回来的经济实力，又为徽州文化的发展注入活力。

第三节　汉文化包容性的同化作用

随着唐代中央政府行政管制能力的加强、官学教育的推广，汉文化在徽州开始成为主流文化。在这种情况下，汉文化并没有对土著文化采取抵制和扼杀措施，而是以极大的包容性，将越文化同化进汉文化中，使两者融合为一。用文化传播学理论来说，就是当一种文化元素被另一种文化所影响，或者一种文化元素传播到另一个地区以后，它已不是原来的形态和含义，在传播和接纳过程中已被修改。所以说徽州文化既不是原来的越文化，也不是纯粹的中原

汉文化，而是一种新质的文化。

在土著越文化与中原汉文化融合的过程中，有一个绕不开的问题：徽州的土著居民哪里去了？先秦徽州有"闭国"，屯溪西周墓葬出土的文物可以认定，当时的徽州已经相当繁荣富庶。在当时那种与四周隔绝的孤岛状态下，没有大量的劳动力进行社会分工，是难以创造出那样璀璨的古越文化的。只是它尚未进入中原文化圈，被史家所忽略罢了。秦置黟歙二县，其时今整个皖南地区都没有其他的县，整个现今江西省境内只有庐陵、鄱阳两县，显然徽州地区是当时越族社会的中心。孙吴在徽州境内分设六县，建新都郡。有行政建置的地方就有居民，从秦和孙吴政权在徽州的行政设置可以看出，徽州土族居民的人数不在少数。虽然孙吴政权的 4 次军事剿戮、1 次驱民远佃，使徽州地区土著居民锐减，但到晋代，新安郡土著居民仍有 5000 户。这 5000 户只是在籍编民，承担赋税责任。其实徽州山区林莽密塞，有很多山民居住在偏远的林壑之中，不纳王租，根本无法统计。但北宋以后，自从徽州土著越文化完全被中原汉文化所同化，中原士族反客为主，成为徽州的主姓、大姓，徽州的土著居民也被中原士族所吸纳和消化，不显不彰，几乎消失了。

那么，徽州土著居民究竟有没有遗存呢？答案是肯定有。

早期的土著四大姓金（金奇）、毛（毛甘）、陈（陈仆）、祖（祖山），由于年代过于久远，且经过孙吴和东晋的历次剿灭和外迁远佃，是否有遗存且不论。就隋以后说，《隋书》记载隋末各地对统治阶级的反抗时，指出："黟歙贼帅沈雪、沈能据栅自固。"另外，《新唐书》记载唐天宝年间："沈千载者，新安大豪，连结椎剽，州县不能禽。"《隋书》和《新唐书》记载的沈雪、沈能、沈千载相继犯险造反，符合"山越好为叛乱，难安易动"的习性。目前没有见到有关中原沈氏迁入徽州的记载，《新安名族志》记载沈氏，只有休宁闵口一个聚落。记述其姓源称："先世居绩溪有曰克明者，任休宁教授，遂家焉。"至于绩溪沈氏的情况却没有记载。沈克明"任休宁教授"，时间估计在宋代以后。所以认定沈雪、沈能、沈千载为当地土著大概不会有错。沈千载既是"新安大豪"，当时徽州姓沈的土著居民相对也不会太少。当南宋徽州宗族制度开始萌生，中原士族纷纷修谱追述或重建自己的显赫祖先时，土著沈氏却因为没有可以炫耀的家族史，或者沈氏家族没有人才重建家族谱系而默默无闻。

唐开元二十四年（736），洪贞造反也是一个例证。《太平寰宇记》称洪贞是"乡人"，《太平广记》称洪贞为"歙人"，《新安志》称洪贞为"县人"，洪贞为当地人可以肯定。但《新安名族志》及徽州的所有洪氏宗谱追述始迁祖时，都称是始于洪经纶。洪经纶是唐建中年间人，曾任宣歙观察使，隐居婺源官源，成为徽州洪氏始迁祖。洪经纶

比洪贞迟差不多 50 年，由此可以证明洪贞也是土著。那么土著洪氏又到哪里去了呢？两种可能：一种是同沈氏一样，土著洪氏没有可以炫耀的家族史，也没有人才重塑家族谱系，所以默默无闻；另一种可能就是，在汉文化的影响下，已经被同化并依附于中原迁徽洪氏，在各地普遍开展编写家谱时，他们也成为中原迁徽洪氏的一个分支，成为中原洪氏的一员。

　　当北宋汉文化成为徽州文化的主流，越文化已经完全融入其中以后，土著居民也不再谈论自己的土著身份，下意识里他们肯定想为自己寻求一个显赫的汉文化血统。南宋近世家族制度逐渐形成，氏族开始修谱，但由于年代久远，兵燹频仍，迁徙无常，旧谱系很难保存下来。这不仅给中原士族修谱带来难度，也为土著寻求中原血统带来便利。追溯姓氏源流时，土著姓氏也开始编织本姓氏与华夏始祖的关系，成为中原氏族中的一员。那些势力小的土著姓氏，遇到相同的中原姓氏，也许索性就以中原士族的始祖作为自己的始祖。徽州汪氏虽然自称是中原士族，其实应该是土著居民。汪氏是土著中最有成就的一族，既有显赫的历史，出了一个"吴王"，又有重塑宗族历史的人才，终于攀上了有皇室血统的姬姓。汪华的九子之说，徽州民间有不同的版本。特别是第九子，疑问最大。汪伯彦曾说："王以六州所兴，挈八子归诸朝，天子嘉其忠，封越国公，命诸子班环卫。"（《新安志》卷一《汪王庙考实》）可见汪华归唐时，并没有第九子。而且据其他徽州汪氏族谱所载，第九子19岁就去世了，无后。依照道理不会在汪氏宗族的历史上留下什么痕迹。但徽州民间对第九子尤为尊崇，有"汪九郎""九相公""九太子"等不同的称呼。早在宋代，歙州、杭州、睦州民间往往祀所谓"汪九郎"。明清时期，绩溪、歙县还专门设有祭祀第九子的坛庙。屯溪每年农历八月初一日至十三日的"靖阳节"，举行汪华纪念活动，九相公都要出台亮相。在汪公庙前，汪华居中，九相公绕场跑圈，每跑一圈，换袍甲一件，一共要跑九圈，边跑边燃炮鸣鼓，俗称"跑马磨豆腐"。对这一特殊现象，有人说九相公生性仁慈，获得世人尊崇；有人说九相公保护徽州战功显赫，所以要纪念他；等等。说服力都不够。那么，是不是徽州土著中的一些小姓，为了融入中原文化，避免自己的土著身份被人看轻，而改姓依附于汪氏呢？要不怎么会形成"十姓九汪"的局面？这些土著居民将无后的九相公看成是土著的象征，专门祭祀和纪念，这种可能也是存在的。

徽州汪氏追溯宗族历史的可信性曾受到质疑，最后却被中原士族以"稍近人情"之说予以认同。这种认同已不是血统问题，而是出于同化土著越文化的需要，体现的是中原汉文化的包容性。中原士族还在维护汪华的正面形象方面予以帮助和支持。方演奏请追封汪华为"公"，胡伸为汪华作传，罗愿为汪华考证正名，他们捍卫汪华忠君爱民

大节的目的，就是要将徽州土著对汪华的崇拜纳入汉文化社会政治伦理之中。

徽州早期中原移民有"土著化"的倾向，而到了宋代以后，土著人却是完全"汉族化"。从文献中了解徽州社会，认为徽州土著居民都已经消失，其实并不全面。现存的徽州宗族形态实际是中原人与土著居民融合、同化的结果，其中汉文化的包容性起到了一定的作用。汉文化对徽州土著文化的包容，避免了徽州移民与土著的对抗和争斗，同时又很好地同化了土著。

第四节 徽州文化的特色

徽州宗族惩罚有过错族众，通常是集众训诫、扣发胙肉和族丁饼、罚银，重一些的罚跪示众、杖责、不给入谱、逐出宗祠，更严重的则"呈公究治"。还有一些惩罚手段颇具文化色彩，如前文所述的罚戏。

但北方的宗族在处理族众关系时，手段是极为残酷的。陈忠实的小说《白鹿原》反映北方白鹿村的族长处罚赌博者，先令人用干枣刺刷子把他们的手打得鲜血淋淋，再逼他们把手插进大滚水锅里；对于大烟鬼，则首先斥责他们败家子行为，然后给他们灌以发出恶臭的大粪。河北交河李氏在谱例公然订立"立刻处死"的条例。南方的一些省份如湖南、福建、广东、四川等地，更有溺毙（沉潭）、活埋、丢开（将受罚者锁在木板上，抛入江河，任其漂流，使受罚者最后不是活活饿死，就是被激浪吞没）等一些野蛮的惩罚处死方式。

为什么会有这么大的差异能？这是因为徽州宗族制度是在程朱理学直接影响下形成和发展起来的，以儒家宗旨指导宗族管理。所以族规家法的制定更接近儒家中庸之道，比起明、清时期南方和北方严酷的族规家法也更中和、更规范、更文明。这就是文化差异，同时也是各地的文化特色。

归纳起来，徽州文化主要有以下几个方面的特色：

一、儒家化

徽州文化理念体现了儒家思想的价值观，是中国儒家思想的具体表现，这一点同新安理学的长期浸淫分不开。徽州商业道德的最大特色便是"以儒道经营"，即按照儒家的道德规范来行事，所谓"以诚待人""以信接物""以义为利"，讲得就是儒商道德。艺术上也是讲究温文尔雅，中庸平和。就是在翻天覆地的改朝换代之际，文人思潮也是"哀"多于"怒"、"悲"多于"愤"、"隐"多于"叛"。新安画派的苍凉、冷漠、幽寂的意境，醇正简明的笔法成为中国文人画发展的一大高峰，是儒家思想在绘画艺术上的典型表现。刘海粟曾说："就人品艺品而言，黄山画派代表

人物均高于扬州八怪、金陵八家。"这是从儒家正统的角度来评价的。徽派篆刻以雅逸隽秀、平和光洁作为追求目标,也是以儒雅为宗旨。徽派版画线条纤丽秀劲,一丝不苟;构图富丽精工,繁而不密;印刷绚丽多姿,精美绝伦。这一特色,内蕴的精神境界,给人以恬静和安乐。郑振铎曾说,徽派版画给人的感受是"温柔敦厚",一点"剑拔弩张"之气也没有。这其实也是儒家化的一种表现。

二、平民化

徽州文化极具平民化的倾向,在新安理学的推动下,徽州的平民教育非常普及,早在元代就已经有"十家之村,不废诵读"的说法,而且不论从民间产生的音乐与舞蹈,还是已经文人化的戏剧,也非常注意适合一般老百姓的品位,"徽州腔"的产生,正是平民化的体现。徽剧讲究感观刺激,注重武戏和杂耍等表演形式,也是为了更多地吸引平民观众。徽派版画的产生与兴盛,也是在适应大众阅读品位的过程中得以发展起来的。明代中叶,产生了一批市民阶层,他们追求精神享受,需要书籍,使图书有了空前广阔的市场。徽州书商为了增加阅读兴趣,便于对书本内容的理解,引诱读者购买,于是大量刊刻插图。在印刷质量上不断改革和创新,创制"饾版"叠套彩印和"拱花"印刷技法,把彩色套印木刻画推向新的高峰,使广大读者对精丽动人的徽派版画书籍爱不释手。

三、兼容性

徽州文化注意兼收并蓄，广泛吸纳其他地域文化优点，形成自己的特色。徽剧声腔就是在广泛吸收了弋阳腔、昆腔、秦腔等唱腔优点的基础上形成的；在表演上继承了目连戏翻台子、跳圈、串火、飞叉、滚打、变脸等武打和杂耍技巧。新安画派对米友仁、倪瓒、黄公望画风的汲取，徽派版画熔诗文、书法、印章和图画为一炉，都是兼容性的体现。在艺术形式上也是互相交融。版画用线描手法勾勒黄山峰峦岩石质感和黄山松的遒劲，同新安画派重写实、不轻点染、简洁清晰的画风相近。"三雕"艺术中的各种戏文内容，渲染突出了徽州戏曲氛围，推进了徽州戏曲艺术的发展。

四、乡土性

徽州属于封闭型的自然地理单元，这里山清水秀，风景绮丽。长期生活在这里，会给人一种超脱、清新、恬静的陶冶。新安画派淡雅简练，富有山林野逸、轩爽清秀的风味；徽派版画细密纤巧，典雅静穆，无一不是徽州山川钟灵毓秀使然。清吴逸所绘的版画名作《古歙山川图》，其中题名"东山"的特写、"篁南"的驴队、"新安江"的拉纤、"歙浦"的船夫，都使我们从画面嗅到古徽州百姓生产劳动的气息。

五、扩张性

徽州文化不仅仅是徽州的文化，并不满足限于一隅，随着徽商足迹遍及天涯，它还表现出一种强烈的扩张意识。徽剧一开始就在徽州邻县流传，清代中叶完全超出徽州地域界限，风靡全国，最后走入皇都，演变成京剧，成为国粹。徽州书商坊斋分布全国各大都邑，流寓外地的刻工也很多，杭州、苏州、金陵等地的版画艺术，无不受徽派的影响，遂使明末以后中国传统版画都在向富丽精工的方向发展。徽州文化强烈的扩张意识使徽州文化具有全国意义，较之偏于一隅的区域文化要高出一个层次。

第三章

徽州宗族社会构建

　　宗族是以父系血缘关系为纽带，并按照一定规范结合起来的社会组织形式。北宋开始，宗族制度与政治制度脱钩，宗族制度由上层向基层渗透。在理学家们的倡导和朝廷的支持下，一种区别于商周及魏唐世家大族制度的新的宗族制度开始形成，它以尊祖、敬宗、睦族为宗旨，根据理学的伦理纲常制定宗规家法，约束族众。有谱，有祠，有田，成为这种新的家族制度的特征。

第一节　宗族社会的形成

一、编纂族谱

徽州士族基本由北方迁入，除了个别姓氏有不同的支派从不同的地点迁入以外，大多数均为同宗、同源派衍而出，聚族而居。出于对世家大族历史的留恋，很多士族都保留着魏唐时期的谱牒，随着近世宗族制度的逐渐形成，更是修谱之风盛行。从现有记载来看，徽州宗族修谱之风，大都始于宋代，以南宋为多。如吕氏有谱始于北宋天圣七年（1209），朱氏有谱始修于北宋开宝七年（974）等。

徽州先贤程颐、朱熹尤其重视宗族伦理，朱熹还撰修《家礼》等书，制定了一整套宗法伦理的繁文缛节，用以维系与巩固宗族制度，并编纂有《婺源茶院朱氏世谱》，推动和促进了徽州宗族社会的形成。随着以尊祖、敬宗、睦族为宗旨的近世家族制度的产生，宗族设立谱局开始成为家谱编纂的主要形式。从个人私纂家谱到宗族设局修谱，这种纂修家谱形式的改变，体现了近世家族制度形成的过程。是否设局修谱，成为检验宗族统治是否完善的标准之一。徽州是中国近世家族制度形成较早、宗族统治较为严格的地区，通过对徽州汪、程、吴、江、黄、李、鲍、胡、陈、许、郑、方、朱、余、王、周、叶、吕、唐、冯、韩、宋、张、姚、查、谢、洪、何、潘、罗、范等 30 余姓氏家谱所作考察，宗族设局修谱约始于明嘉靖前后，在此之前基本属于以个人之力纂修家谱。入清以后，大部分是设局修谱，个人独力纂修家谱的现象极少，就是有也多为钞本。

宗族设立谱局一般由族长或族中长老发起，然后合族众议，推举修谱主事人员，订立修增条规，着手编纂。谱局内部人员有明确分工。明嘉靖四十三年（1564）婺源县大畈汪氏修统宗谱，设立谱局，确定汪湘、汪隆、汪铝、汪道真、汪伦、汪长卿、汪同文、汪元吉 8 人专职修谱事宜。汪湘为主修，负责审定全书，兼管经费；汪隆、汪铝负责来人接待和刊印工作，同时负责出纳；汪道真、汪伦负责各支派世系图和文稿的监催；汪长卿、汪同文、汪元吉负责各支派世系和文稿的考辨，然后交主修裁正。黟县环山余氏于清宣统三年（1911）设局修谱，"公举族尊仰文为总理，举荣为总纂。荣自顾年老，难以独任，举曙驻局纂修。暎青、克勋、香浦、素庭、稼荪及予儿荨楼分纂，柏山、瑞鸣、尔常、允骧、维周、椒甫、锡三协修。余则调查有人，缮写有人，各司其职"（余攀荣《环山余氏重修族谱序》）。

修谱条规一般有 3 个方面的内容：一是修谱依据，二是入谱规定，三是经费收支。宋以后家谱虽得以续修，但

对祖源及支派迁徙说法多有抵牾，故修谱以何说为据是很重要的。明嘉靖《婺源大畈修统宗谱谱局条规》规定："本局以春坊旧谱为据，婺以本家为据，休以西门所开为据，黟以黄陂为据，外省以望族为据。"入谱规定是指哪些内容可以收录入谱、哪些内容不得入谱，这在一般的修谱凡例中都有详细的说明。但对收费规定大多数家谱没有记载，仅见几例，如《环山余氏宗谱》共印了90部，"每部合价约三十金，各族丁之领谱者缴价三分之一，余由会储支贴"。

徽州地区是典型的宗族社会，各族为了纪世系、叙昭穆、辨亲疏、明确后裔辈分及其尊卑嫡庶等级，普遍撰修氏族家谱。一般族中修谱，10年或20年一次，修期视各族的经济能力而定。久不修谱，视为不孝。朱熹曾说："人家三代不修谱，则为不孝。"许多名宗大族每隔一段时间就会修一次族谱。如《歙西溪南吴氏世谱》要求族众"谆谆修族谱、修茔志，近则三年五年，远则三五十年，以其本固而末不摇。"

徽州遗存下来的族谱数量极为丰富，根据《中国古籍善本书目》《中国家谱总目》，以及国内各大图书馆的藏书目录，整个新安江流域各地现存元、明、清和民国时期篡修的族谱，总计有2000多种。有郡谱（《新安名族志》）、县谱（《休宁名族志》）、合族之谱（《许氏统宗世谱》）、分支之谱（《休邑敉宁刘氏本支谱》）等不同谱式，又有族谱、统宗谱、世谱、世牒、支谱、房谱、家乘、家谱等不同的名称，几乎没有无谱之族。著名学者赵万里指出："传世明本谱牒，大都是徽州一带大族居多，徽州以外绝少。"一些大族所修之谱，不仅刻印工精，且卷帙浩大。如乾隆十八年（1753）刊印的《休宁古林黄氏重修族谱》8卷，每卷长51厘米、宽315厘米，共重约15千克。又如《新安武口王氏世系谱》40册，卷帙盈箱，轻易不能搬动。徽州至今留存下来的谱牒之多，是全国任何一个地区都不能相比的，这是公认的事实。

对家谱的管理也非常严格。婺源清华胡氏有一位名叫胡尚文的裔孙，"于明景泰庚午年五月二十九日，竟将祖父所掌吾族谱牒以售于非族，得银嫁女而餔餟"（胡汝器、胡天民《鬻谱非族记》）。可见当时对家谱的管理还是比较涣散的。明嘉靖以后，当宗族把修谱作为宗族统治的手段，对家谱的管理开始有了规定。领谱人领谱要办理一定的手续，宗族则在专门的簿子上详细登记所领家谱字号及领谱人姓名。祁门善和程氏《仁山门衍庆录》后就附有清乾隆十二年（1747）的领谱登记。根据此领谱登记，乾隆《善和程氏仁山门程氏支谱》按"根深枝茂，源远流长"8字为序，每字8号，共64部。每部均有领谱人登记情况。为了保证家谱安全，不被虫蛀鼠咬及霉腐损坏，每年还对家谱进行定期验谱检查。《仁山门衍庆录》载有验谱的具体记录，时间是从乾隆十二年（1747）开始，最后一年的验谱

记录是民国三十五年（1946），年年查验，200 年不辍。

二、建立祠堂

朱熹在设计近世宗族制度时，单独设《祠堂》一节，提出将祠堂立于正房的东面，设四龛，各奉高祖、曾祖、祖父和父亲 4 代。严格意义上说，朱熹讲的"祠堂"未脱离寝室，只能算是"家祠"，而非以宗族名义建立的独立建筑"宗祠"。在此后日趋规范的祖先祭祀的社会实践中，家祭成为与祠祭、墓祭并存的 3 种形式之一。从神坛到家庙、祠庙、社屋以及寺院道观祠堂，最后发展到祭祀真正意义的宗族祠堂，这一演变过程一直持续到明代中叶，徽州宗族制度才完全建立。

明嘉靖年间，允许庶民建家庙，宗祠开始盛行。据弘治《徽州府志·宫室》记载，徽州一府六县"作专构以礼先"的祠堂仅 15 处，即府治 1 处、歙县 5 处、休宁 5 处、婺源 2 处、黟县 1 处、绩溪 1 处。而稍后的嘉靖《徽州府志》与弘治《徽州府志》的相关记载相比有很大不同，不仅宗族祠堂的名称由"祠堂""堂"变为"宗祠"，且数量有了大幅度增长，由 15 处增至 213 处，即歙县 67 处、休宁 36 处、婺源 50 处、祁门 31 处、黟县 11 处、绩溪 18 处。嘉靖《徽州府志》修纂距离弘治《徽州府志》仅 60 余年，前后记载的对比，大体反映弘治以后徽州兴建宗祠的基本情况。

到了清代，凡大族皆有宗祠，分房还有分祠，家有家祠。许承尧在《歙县志》中称："邑俗重宗法，聚族而居，每村一姓或数姓各有祠，支分派别，复为支祠，堂皇闳丽，与居室相间。"宗祠为一族总祠，一般为3进，第一进称仪门，第二进称享堂，第三进为寝室。仪门又称门厅，祭祀时供鼓乐之用；享堂是祭祖举行祭祀礼仪和宗族议事的场所；寝室用于供奉祖先牌位。支祠规制与总祠一样，是支族祠堂，规模一般要比宗祠小一些。有些支祠省去仪门，但如果某支族出了大官，或经商暴富，所建祠堂有可能超过总祠。家祠一般无寝室，简陋一些的连仪门也没有，只存中进享堂与宅居相连。

休宁茗州吴氏宗族有宗祠葆和堂，其5大支派均立有分祠，支派下各分房又有祠。黟县的西递村除宗祠敬爱堂之外还有其他祠堂20多座。全村以敬爱堂为中心，按血缘亲疏分为9个支系，每系都有自己的支祠甚至房祠。每个村庄都以祠堂为中心，以辐射的形式向四周发散，从而将整个氏族村落凝聚在一起。黟县南屏村，全村共有30多座祠堂。在村前横店街长约200米的一条轴线上，至今保留有8座祠堂。其中有属于全族所有的宗祠，也有属于某一分支所有的支祠，还有属于一家或几家所有的家祠。祠堂是祭祖的场所，也是族人团拜的地方。通过祭祀、团拜活动，可以使血缘关系不至于淡薄，宗族内不同阶层的人都在宗族关系下集会，祠堂成为维系宗族团聚的纽带。祠堂

还是执行家法宗规、惩治族众的场所，起到法庭的作用，是封建社会基层统治的重要补充。

歙县呈坎（今属徽州区）贞靖罗东舒先生祠系呈坎前罗一个支祠，整个祠堂共 4 进 4 院，祠宇轩昂，气势恢宏。北侧有杂院、厨房，南侧设置女祠，总占地 5 亩余。祠堂内面宽 26.51～29.6 米，长 79 米，建筑面积（包括女祠）3300 余平方米。罗东舒祠始建于明代嘉靖间，因故中断，迨至万历间续建，历经 5 载才落成。当祠堂全部竣工后，发现后寝被大堂遮蔽，有失对祖宗的尊敬，于是在后寝屋顶上立柱加盖一阁楼，这样便使整个祠堂更显巍峨气势。阁楼珍藏历代恩纶（圣旨、黄榜、诰封等）以及更换下来的灵位等，故名"宝纶阁"。

在徽州还有一种女祠，这在全国其他地方比较少见。如歙县潭渡黄氏、呈坎罗氏均建有女祠。歙县棠樾鲍氏女祠面积宏大，气派非凡，甚至超过了敦本祠的规模，是徽州女祠的典型代表。棠樾女祠名"清懿堂"，清嘉庆年间鲍启运因敦本祠供奉的都是男性，便遗命儿子鲍有莱另建女祠供奉女性。女祠 5 开间，3 进 2 天井，门厅 5 开间，大门两边八字墙上饰以精致砖雕，后进寝堂高出享堂 1.08 米，外观非常雄伟。

除了宗祠、支祠、家祠、女祠外，徽州还有一些特殊形式的行祠，专祀某名人，例如程灵洗行祠。程灵洗是正史入传的第一位新安江流域名人，更是新安江流域的程氏显祖，受到历代程氏后裔的崇拜。但到篁墩世忠庙去祭拜程灵洗，总是不方便，便想出了引神，将程灵洗的神灵请到自己的乡里来祭拜的主意。于是各地的"世忠行祠"开始不断涌现，如歙县槐塘、婺源龙山、休宁汊口乾龙山等地都建有"世忠行祠"。所谓"世忠行祠"也就是为程灵洗神灵修的"行宫"，可以让程灵洗神灵在自己的乡里住下来，便于乡里百姓祭拜。这种"世忠行祠"后来也被称作"世忠庙"。

三、设置族产

族产是宗族的公有财产，是维持家族制度的物质基础，包括土地、耕牛、山场、祠堂、族学等生产和生活设施。其中又以族田最为大宗，成为宗族经济的主要来源。见于文献记载的徽州族产，北宋时期就有。北宋歙州人许元，多年为官，所得俸禄，悉数捐给宗族。南宋时期捐献族产的事例开始多了起来。南宋初年，休宁县许文蔚一生从政，把积累起来的财产，不留给子孙而是捐给宗族。

要想使宗族能持久发展，必须增加宗族共有财产，这是徽州大族的共同想法。一些族人为了祭祀祖先，纷纷捐助田地。绩溪《盘川王氏族谱》记载，宋时王氏就有墓地400余亩。此处的"墓地"不是仅指坟墓，而是包括用于祭祀、可耕种的土地。婺源茶院朱氏为祭祀朱熹，捐献了祭田100亩。

明中期以后，随着徽商的发展和宗族的繁荣，宗族族产得到长足的增长。族产的来源和支出，都有了一套完善的管理制度。宗祠向族众征收进主、添丁、婚嫁、入祠等银两，是族产来源之一。绩溪县旺川曹氏规定，每进一神主牌位，交银一两。凡捐资入祠五十金者牌位放在中龛配享，一百金者夫妇共置牌位放在中龛配享。宗族提倡族众在有余力的情况下向宗族捐献财产。明末祁门一都胡村人胡天禄，早年贫穷，后经商致富，不仅捐资修建宗族"思本祠""报本祠"，而且输田 300 亩为义田，作为族学的财产，资助族中贫穷者入学读书和科举考试的费用。

族产来源还有一种情况是众存族产。出于赡养、祭祀甚至风水保护等方面的考虑，不少家族在诸子均分家产时，墓地、墓山、阳基山及部分养老田地都不能分割，也不得典卖，作为家族公产世代留存。如绩溪《胡氏宗谱》中《六架祖宗合立禁养荫庇基墓山地文约》记载，南宋庆元四年（1198），龙川胡氏宗族二十一世祖胡之纲的子孙分家析产时，众存祖墓山地有：始祖胡焱墓，地 70 步，山 3 亩；丨世祖胡思谦墓，地 4 亩；胡之纲墓，地 1.5 亩。众存荫护阳基山有：汪盂石山、水口石山 9 亩，白石山等处共 19 亩。有些家族共产也会以转卖的方式并入宗族，成为更高一级的血缘组织的公产。

族产是宗族赖以存在和强大的基础，在徽州文化社会的影响下，越是势力强大的宗族，族产的比例往往越高。对这些田地和宗族公有的房屋、林木进行管理是宗族的重要工作之一。族产的收入多用于祭祀、办学和周济贫穷族人等。根据《黄山市志》记载：1949 年，歙、休宁、祁门、太平、黟县和屯溪市农村耕地 1129894 亩，公堂、庙会耕地占总耕地的 13.8%。其中祁门县的公堂、庙会占耕地比例最高，为 36.5%，而山林绝大部分为公堂、庙会所有。《黄山市志》的记载，在 1950 年皖南行署农委《祁门县莲花村公堂祠会调查材料》中得到验证。祁门县莲花村有吴、项、余、汪、黄、朱 6 个姓氏，其中吴姓致顺堂下有 43 个祀、30 个会，有田 982 亩，占全村使用田的 45%；项姓项氏宗祠下有 3 个会，有田 30 余亩；余姓余德宁祠下有 4 个会，有田 100 余亩；汪姓汪氏宗祠下有 2 个会，有田 20 余亩；朱姓务本祠下有田 20 亩。全部公堂祠会田占全村使用田的 55%。

第二节　宗族的组织结构与管理

一、组织结构

迁到徽州地区的士族多以自己的始祖或迁祖为中心，集居繁衍，形成宗族，常以族姓命名居住地。当原居地发生地狭人稠矛盾后，始分居他乡。一般一族聚居一村，也有按房系分居几村，有的累世同居。宗族设族长，族下各分房设房长，分房下拥有数个至数十个独立小家庭。有的宗族设有宗子作为祖宗代言人，是一族的精神领袖，主持祭祀大典。没有设宗子的宗族，由族长集两任于一身，既代祖宗立言行事，又统管全族事务。由于村落和族姓相连，往往族长又兼村落首领。在宗族制度下，多种家庭结构模式并存，主要有四种：

一是共祖家庭。这种家庭在同一个祖父母支持下，数代同堂，将许多小家庭聚于一处，成员可多达数百人。南朝歙县人鲍安国，富甲于乡，兄弟 10 人，宗族 300 余口同居，人称其居室为"十安堂"。

二是直系家庭。这种家庭以共祖父的成员合为一家，三代同堂，子孙多合籍、同居、共财。其世代组合少于共祖家庭，规模也小于共祖家庭，因而比共祖家庭容易维持。《新安歙北许氏东支世谱》记载，许文才继承父亲的事业，与弟弟许昶一起经商，资产愈来愈雄厚。始终与弟弟不分家，每一分钱都记账，不私自下口袋。后来因为母亲年迈，回到家中建房子，奉养老母亲。

三是主干家庭。这种家庭以直系亲属为主干，其成员包括一对夫妻及其父母、未成年或未婚子女等。主干家庭与直系家庭的区别在于第二代的兄弟分财分居。所分财产来源有三：其一是祖上遗下的产业，其二是分居前第一代创置的家业，其三是分居前第二代所创立的家业。清顺治十一年（1654），休宁商人汪正科立下《汪氏阄书》，将家中资财析为 5 份。这些资财既有汪正科原来所接受的遗产，也有他经商所挣下的产业。这 5 份家产，一份是留给自己以备养老之需，并言明自己死后 3 个儿子均分。一份给嫡长孙。其余 3 份由 3 子占阄分。这样，汪正科的直系家庭就裂变为四个核心家庭。如果汪正科夫妇与长子同居，那么就构成为 1 个主干家庭和 2 个核心家庭。

四是核心家庭。这种家庭的成员包括一对夫妻及其未成年或未婚的子女；也可能还没有生育子女，仅是一对夫妇。核心家庭是同财共居亲属的最小组织，也是形成其他类型家庭的开端。

二、宗族管理

宗族主要通过制定宗族社会行为规范来加强管理，这就是族规。徽州宗族的族规，主要形成于明代中期，随着商品经济的繁荣，各世家大族为巩固宗族制度，加强宗族统治，促进宗族兴旺发达，纷纷制定族规。族规均由以族长为核心的房长、乡绅和文会统治者制定。这些族规大都收编于谱牒中，也有少数宗族将其单独付印，以便保存和应用。为使族人知法守法，按照族规的规定处事，许多宗族都在元旦、春秋二祭或月朔定期宣讲族规。有的宗族还将写有族规的牌匾悬挂在祠堂内。歙县呈坎村（今属徽州区）罗东舒祠内至今完整保存新祠八则牌。

族规家法，多从表彰善行、杜绝恶习、明确职守、重视名教 4 个方面，形成一个控制族人的法规体系，保障宗族社会稳定运行、发展。其基本内容体现封建阶级本质的纲常伦理和关于职业当勤、崇尚节俭、重视教育、济贫救灾、抚孤恤寡、遵守法纪、和睦邻里、禁止闲游、禁止迷信、禁止赌博、尊敬耆老、戒溺女婴、禁止偷盗、保护林木等传统精神文明的精华。主要内容是规范个人的道德行为，体现在忠义、孝顺、友悌、勤劳、节俭、礼貌等条规中，以维持家庭和睦相处以及家族生存发展。族规明文禁止一些不良行为，规定族人对家族公共事务的义务和权利，以加强家族向心力和凝聚力。确定有关祠堂、祖坟、祭祀、族田、修谱等与家族成员有关的各项事物，并告诫子孙要处理好家族与外族、地方、国家的关系。

《潭渡孝里黄氏族谱》卷四《家训》，分为家训识语、孝敬、亲睦、修齐、教养、跞家业遗训、敦睦堂家规引、讲乡约建言、示子修、自警语等部分，2 万余字。《潭渡孝里黄氏家训》对"修身齐家治国平天下"的传统进行了很好的总结，结合家族特点，进行了具体化，教育族人如何做人、做事，各项规范要求明确，可操作、能监督。涉及遵守礼仪，长幼有序，热情礼貌；不得游手好闲，玩物丧志；待人要忠厚，不得跋扈乡里；不能有坏心术，不读邪书，不交坏人，不做违法之事；勤俭持家，不得沉溺酒色，沾染酗酒赌博、搬斗是非、诓骗奸盗等不良习气；科举入仕以后，要体恤百姓，为民做主，在族内也不能恃贵自尊，要带头倡行尊祖睦族。《潭渡孝里黄氏家训》其中最核心的内容是孝义传家、忠信待人、造福天下，最核心的思想在于教育子孙后代以知书达礼修身立命，遵守规矩为家族争光。《潭渡孝里黄氏家训》是中华优秀传统文化在一个家族传承的典范，对现在人们的道德修养和世界观可以提供有益启迪。

在管理形式上，为了形成和强化族众的宗族信仰，各宗族在宗祠按期举行的祭祖仪式以及祖宗坟墓的祭扫仪式都特别隆重，以培养对祖先崇拜的观念。祭祀过程神圣庄严，尤其是对祭祀的起始时间及着装都有严格规定。歙县许村许氏祭祀祖先，时间定在黎明五鼓之时，参祭人员衣冠必须整齐，并且由 2 名仪礼生负责检查。如果到时候祭祀没有开始，要追究轮首的责任。祭祀迟到者或衣冠不整者要罚其不得领胙，并记在《瘅恶簿》。如果 3 次违规，则以不敬之罪处罚。参加祭祀人员必须是族中年满 15 岁的男丁，礼赞生一般是从 15～20 岁的男丁中选出，人数定规是 42 人。参祭人员的排列是以族长为首，后依次是礼赞生和族众。祭仪设正副通赞（主持人）各 1 名，俗称"叫赞"；引导员 4 名，称"引赞"。一切准备就绪，叫赞一声"鸣金"，锣敲 3 遍，全体肃静，祭祖仪式正式开始。"奏乐"，6 名鼓吹手奏乐；再是燃烛、点香；然后叫赞发出"跪——拜——起——"的号令。如此 3 次，众人听命而行三叩之礼。最后敬酒，焚金银锡箔和清水绵纸。祭祀仪式结束后，供品须在祖像前供奉一整天，次日才可分胙。与祖先宗拜相伴随的是对鬼神的信仰，宗族通过举办迎神赛会和唱戏活动向族众灌输鬼神观念和六道轮回等有助于劝人去恶行善、恪守本分的意识。

宗族具有社会化职能。在聚族而居的徽州地区，儿童从小生活在亲属关系网中，他的知识和观念不仅来自父母，也来自族中其他长辈，每个长辈都有责任对他进行指导和教诲。尤为重要的是，由于文化发达，商业兴盛，教育的普及程度较高，教育机构大多是由宗族兴办的。有的宗族还置有专供教育费用的学田。年龄稍长之后，男孩就开始参加宗族内的一些礼仪和祭祀活动。每个族中子弟都在宗族的日常生活、礼仪活动和学校教育中掌握做人的规范，懂得各种礼节，形成特定的思维模式。

传统社会中的官僚机器在县级以下比较薄弱，无法实施强有力的控制，社会治安的责任在很大程度上由宗族担当。族长根据族规家法行使司法权。许多族长是报请官府批准，具有准官僚的身份。宗规家法不论是否报官批准，在宗族内都具有法律效力。官府也乐意利用宗族组织实施统治，　且族长将不服管教的族人呈官，一般都要按照族长的意愿惩治，因而族长有极大的司法权。歙县新州叶氏规定："同族之人，凡有一切事情，不许告辄，但诉于族长，以辨曲直。不服者，然后赴官惩治。"（《新州叶氏家谱·修省斋公家规二十条》）由于族长都是当地的名绅土豪，加上徽州地区尊重长辈的文化氛围和权威导向人格，敢于不服从族长判决的人很少。还有的宗族明确规定不得赴官的事项。

惩罚的办法，有精神性的罚站、罚跪、会众声讨，有物质上的罚款、罚物，也有罚出资演戏等，还有肉体上的惩罚，但最严厉的处罚是开除族籍，永不得归宗。宗族还具有保障性职能。一个族人如果受到外族成员的不公正对待或伤害，宗族有责任为他讨取公正。同时，宗族一般禁止族人议论朝政和本县官员，监督族人按期完税，以使本宗族受到官府保护或至少不遭受官府刁难。对内，徽州宗族注重恤族。对族内的贫寒之家从经济上给予救济，从族产中贷本给族人经商。尤其是投资教育，各族在家规族法上都列有兴办族学、资助族中贫困子弟读书的条文。对乡试、殿试的路费也有补贴的规定，对入学、获得功名者都有奖励。宗族有义务保护弱者，禁止"强凌弱，众暴寡，富吞贫，恃尊凌卑"现象的发生。

第三节　文会组织

除了宗族之外，新安江流域还存在以调解纠纷为主的文会。宗族是解决纠纷的基本机构，大多数事情在宗族内均可解决。有些事情宗族组织解决不了，他们则提交文会

调解，而不是里约里保这类的乡村组织。《新安竹枝词》中对此亦有描绘："雀角何须强斗争，是非曲直有乡评。不投保长投文会，省却官差免下城。"

文会是文人以商讨诗文为主的聚会，起源很早。其后，随着文人集会和交往的增多，许多文会定期举行，演变为经常性的组织。入明以后，读书人结会之风更加盛行，明嘉靖年间歙县岩镇就有南山、斗山等文会。岩寺南山文会会例规定："凡本籍新文学，入会则用彩旗鼓吹前导至南山亭，祝史执香作乐迎于道左。"万历末年，"复建友善会馆于株山之东，别为明经胄监会业之所。每岁三月二十日祭文庙，于其中即为课期，而文学不与也"。可见，此时的文会仍然保持以文会友、文人结社之风，凡致仕或休假官僚、举人、秀才以及未得功名的读书人均可参加。

在科举制度下，读书入仕是造成乡绅阶层的主要根源，读书人又被视为儒家伦理价值的代表者，因而文会的成员实际上大多具有地方社会名流的身份，他们积极宣传儒家伦理，推行教化，老百姓在遇到族中不能解决的纠纷时，也希望得到这帮"读书明理"的文会成员的仲裁，这使文会逐步演化成为具有很大社会权力的乡村治理组织。而且，文会吸收成员的条件本来主要是"文化水平"，即有功名者或尚未取得功名的读书人。但在徽州宗族组织的强大力量影响下，也逐渐发生变化，血缘关系日趋重要。某些宗族首领人物发现了文会的社会约束力，并使之彻底"宗族化",成为一级强有力的乡村组织。《休宁率东程氏家谱》卷四《明故处士公辅程公行状》云:"(程镶)选宗之贤,各出三百缗,创为会约,严立章程,号曰'正义',凡直人之枉,恤人之乏,均于此取资焉。"此中的会约是与文会相同的组织,它纯由同族人员组成,虽也担负周恤族人的义务,但主要职能是"直人之枉",即调解纠纷,维护公正和安定。

当然,在杂姓村中,也有的文会由不同宗族成员构成。文会与宗族组织的区别在于:第一,宗族组织包括全体宗族成员,而文会是由宗族中的有功名的读书人挑选出来的"贤者"组成;第二,宗族组织的基本单位是家庭,而文会的基本单位是个人;第三,宗族的职能极为广泛,而文会的职责相对单纯,以调解纠纷为主;第四,辈分、嫡庶、长幼等基于血缘关系的因素在宗族领导(族长、房长等)成员的产生方面影响很大,而成为文会会员的主要条件是读书明理或道德高尚、处事公平一类的道德因素,他们是乡绅阶层的主要组成。因而,文会被认为比较超脱和公正。再者,既然文会的成员以读书人为主,他们易于和地方政府建立关系,也较受地方官员的信任,一旦文会的调解无效,事情闹到官府,官员则会把文会的"公论"视为解决争讼的重要依据,这又加强了文会的乡村组织功能。由此可知,乡绅是地方自治的领导人士,他们的组织文会起到了准官僚机构的作用。

第四章
徽州学术源流

　　徽州文化是宋以后儒家思想在民间社会最集中的体现和典范。从徽州学术流变史的发展脉络来看，从理学、汉学到新学的演变，徽州学术一直处于核心地位。中国学术史上最伟大的里程碑式人物朱熹、戴震、胡适都是徽州人，他们不仅是徽州学术史上的旗手，更是中国学术史上的巨擘。一部徽州学术史，贯穿中国学术史。

第一节　新安理学的形成

理学是中国古代哲学中的重要派别，理学家们认为"理"是永恒的、先于世界而存在的精神实体，世界万物只能由"理"派生，故称"理学"。新安理学是朱熹理学的重要分支之一，该学派由新安籍理学家为主干组成，奉祖籍婺源的朱熹为开山宗师，以维护继承、发扬光大朱熹学说为基本宗旨。

朱熹继承和发展了二程思想，建立了一个完整而精致的客观唯心主义思想体系，故又简称为朱子学或程朱理学。程朱理学在南宋后期开始为统治阶级所接受和推崇，经元到明清正式成为国家的统治思想。新安理学直接传承二程，作为新安理学宗师的朱熹曾正式拜李侗为师，李侗师从于罗从彦，罗从彦受学于杨时，而杨时是二程的得意门生，被称为得二程"不传之学"的弟子之一。也正是杨时将理学传至江南，并最终形成以朱熹学术为主体的新儒学，开启儒学史上的新篇章，这便有了其后的新安理学。

新安理学家继承了北宋理学家的学风，学者治学与汉唐古文经学重训诂义疏的传统背道而驰，抛开传注，直接从经文中寻求义理。如吴昶的《易论》《书说》、程永奇的

《六经疑义》《四书疑义》、程大昌的《演繁露》《易原》，都明显地体现了这种学风。他们撇开了汉唐古文经学家所注重的训诂义疏，借助经文，并参以个人体会和见解，从中探求性命义理之说。

新安理学家群体，以朱子学为学派宗旨，以朱熹为核心人物。南宋时期的代表人物，或是朱熹的学生，或与朱熹为学术之友。婺源程洵，开始以诗文求教朱熹，朱熹劝程洵多看古代有思想的书籍，不要局限在诗文上面，并亲自将程洵的"道问学"斋名改为"尊德性"。程洵自从投入朱熹门下，对理学深入研究，著有《克庵尊德性斋集》10卷。歙县吴昶，在朱熹回婺源扫墓时，听了朱熹讲学以后，幡然醒悟，觉得世俗学问都很简陋，率先拜朱熹为师。庆元三年（1197），韩侂胄擅权，排斥赵汝愚，朱熹也被革职回家，他的学说被诬为"伪学"，很多弟子都改投其他老师。但吴昶对朱熹的信念不变，跟随朱熹的意志更加坚定，徒步从徽州走到福建建安朱熹寓所寒泉精舍，向朱熹讨教，是朱熹的忠实信徒。至于列为朱熹在徽州的"十二高弟"程洵、腾璘、腾珙、李季、汪晫、祝穆、吴昶、程先、程永奇、汪莘、许文蔚、谢琎，均为南宋时期新安理学的重要代表人物。

南宋新安理学中，有2位重要人物程大昌和吴儆，他们虽然不是朱熹的弟子，但与朱熹往来密切，交情深厚。朱熹在《答程大昌书》中，称程大昌的《禹贡图论》"披图

按说，如指诸掌"，大有益于学者，并对《易老通言》推崇备至。程大昌所著《雍录》《禹贡图论》《演繁露》诸书，曾得到朱熹弟子吴昶的指正。吴儆长朱熹 5 岁，两人交情很深，吴儆曾作《尊己堂记》，朱熹读后，大为推崇，堪称学术知己。

南宋时期的新安理学虽推崇朱熹理学，但并无门户之见，对其他学派的学说能持宽容乃至接纳态度。如吴儆的理学思想既与朱熹理学有渊源关系，也与张栻的湖湘学派及吕祖谦的金华学派的理学有师承关系，这多少反映出新安理学在其形成过程中对其他学派理论成果有所吸收与借鉴。

朱熹去世之后，由于他的弟子对他的学术思想领会不同，分离出各种派别，如饶鲁年幼时师从乡贤柴中行，后又师从朱熹女婿黄干，承传朱熹理学，但所著多与朱子抵牾。赵顺孙是朱熹的再传弟子，作《四书纂疏》阐述朱熹《四书集注》的著作，其说也多与朱熹之说不同。有人专从训诂入手，着意于辑录、纂注、训释工作，将朱子之学弄得支离破碎，背离了朱子之学寻求义理的本质。有些从事义理研究的学者，不能严守师法，歧说纷起，已失其真。正是在这种学术背景下，元代开始，以固守朱子之学为宗旨的新安理学所肩负的时代使命，便是订正"异论"，阐明与发扬朱子之学本旨。

为了围绕维护朱子之学纯洁性的目的，新安理学家首先对有悖于朱子之学者，或订正其偏误，或者干脆刊而去之。休宁陈栎的《四书发明》《书传纂疏》便是此类著作。陈栎著书的目的，乃是通过删补以求还原被诸家所乱的本真。婺源胡炳文对朱熹所注《四书》用力尤深，作《四书通》，专门纠正饶鲁之讹错和赵顺孙《四书纂疏》、吴真子《四书集成》对朱子之学的曲解。此外，婺源程复心著《纂释》等书，辩证异同；程显道作《孝经衍义》，辨析贯通朱熹学术本义；吴彬辨朱熹"四游升降"之说，纠正朱熹门人所记之误。诸如此类，以维护朱子学的纯洁性。

对朱子之学中的微词隐义，新安理学家还加以引申；其所未备者，则加以补充发挥。力求朱子之学的正确阐发，使各种"异说"不攻自破，从而在另一面维护朱子之学的纯洁性。就师承来说，元代的新安理学家，大多是朱熹的再传、三传或四传弟子，他们的学术与朱子之学的渊源极深。他们终生潜心探索，本着求朱子之学真谛的态度，又警惕着"异论"的干扰，务求朱学之正。如休宁程逢午著《中庸讲义》，完全按照朱熹的学说；又辑录《语录》，引朱熹之语疏证朱熹学说，务在得朱子之学本旨，其中也不乏自己的心得体会。赵汸称誉该书益畅朱熹学说之旨，于后学者多有启发。陈栎为了维护朱子之学的纯真性，一生勤苦，著述不辍，留下许多书、传、纂、疏。凡是诸儒与朱熹观点不同的一律删除，对朱熹的微言隐义则加以引申，对朱熹没有涉及的则补充说明。胡一桂一生专治易学，著有《〈易本义〉附录纂疏》，以朱熹《易本义》为宗，辨明其他诸儒易学观点之得失。胡柄文从小受家学影响，对朱子之学尤为用心，以订证异说为己任，著《四书通》《性理及朱子启蒙》《春秋集解》《五经今意》等多部著作，意在阐明朱子学本旨，以防异说扰乱视听。

元代新安理学给予我们的深刻印象，也是其突出特点的是：一方面推崇朱熹，固守朱学本旨；另一方面力排异说，维护朱学纯洁性。这虽对于新安理学的发展，乃至辉煌，起了积极的作用；但妨碍了正常的学术争鸣与学术创新也是显而易见的，在某种程度上反而阻滞了朱子学的发扬光大。而这正是后续新安理学家们必须予以重视的。

宋元时期徽州的学术脉络主要以朱子学为主，其他理学学派隐匿其间。

第二节　理学与心学的融合

明代新安理学进入一个变革求新的时期，这一时期的新安理学家不满足于墨守门户，认为元代新安理学家死抱师门成说，层次太低，不利于发扬光大朱子之学，他们致力于学风的转变，力倡独立思考的新学风。

自从程朱理学在元代被列入官学，作为科举考试的依据之后，朱熹学说成为"显学"。在朱熹的盛名之下，元代学者中出现了盲目迷信的风气。学者们对朱熹学说从不怀疑，死抱一字一义的说教，大力口诛笔伐所谓的"异端邪说"，凡有悖于朱熹学说的言论，不遗余力予以排斥，容不得半点争鸣与不同理解。这种唯"朱"是归的治学指导思想和学风，导致了学者墨守成说而难以创新。针对元代学者的弊端，以及唯"朱"是归的治经指导思想所带来的严重后果，明代新安理学家开始反思，提出了新的治经指导思想，其中"和会朱陆"便是一种途径，以郑玉、赵汸、程敏政为代表。

郑玉是元末明初歙县郑村人，他的父亲郑千龄曾任浙江淳安县尉，郑玉随侍在侧。在此期间，郑玉拜著名学者吴暾为师，学习 3 年。同时，还与学者夏溥、洪震老、洪蹟交往，探讨学问。其中与洪震老经常往复讨论，有时郑玉有所感悟，立刻骑马赶往洪震老住处，连夜叩门，与洪震老讨论。吴暾、夏溥都是著名学者陆九渊的再传弟子，从学术师承来说，郑玉其实已经算是陆学传人。但郑玉生活在程朱理学的大本营徽州，接触的都是朱熹的学说，朱熹、陆九渊对他的学术思想都有很大影响。郑玉认为，朱熹、陆九渊二人因气质不同，学问功夫有明显差异。郑玉还指出朱、陆两家学说都有弊端，陆学之弊在空谈而无致知功夫，朱学之弊在支离泛滥而不能收实际效果。所以郑玉主张两家唯有摒弃门户之见，才可以避免各自的不足。

郑玉虽然"和会朱陆",但总的来看以尊朱为主。从郑玉的师承来看,属于陆学。但他治经以求"本领"为指导思想,并不墨守师教,在"和会朱陆"中明确地提出了"学者自当学朱子之学"的学术宗旨。他在《洪本一先生墓志铭》中,标榜自己读的是朱子之书,求的是朱子之道。郑玉治《易》,所本的是《程朱传义》;治《礼》,所宗的是《朱子师友仪礼通解》。

赵汸与郑玉同时,是休宁龙源人,自幼接受程朱理学教育,勤于读书,善于思考,深受朱熹由读书而穷理的方法影响。但另一方面,其对陆九渊之学也极为推崇,对陆九渊发明本心的治学方法也颇为赞同,主张将澄心默坐、涵养本源与诵习经训、读书穷理的治学方法有机结合起来,体现了"和会朱陆"的特色。赵汸提出了读书必须求"实理",所谓"实理"是指读书求理应求真实之理、本来之理,并非仅止于推究文义中的"理"。对于所得之理,不仅要"知其然",而且应"知其所以然"。他认为,仅仅辨析文义,纂辑朱子的各种言论,是学术末流,不能真正称之为朱子之学。他为了避免朱子学说中支离破碎的短处,吸收陆学精于"默思"的长处。赵汸一生都在致力于"和会朱陆"的工作,虞集就此评论:赵汸在"和会朱陆"中,对两家学说,并非随便地比附、折中、拼合,而是将它们的精髓糅合在一起。赵汸主张"澄心默坐,涵养本源",深受陆学遗风的影响。但在"和会朱陆"中,赵汸与郑玉一样，也是属于"尊朱"一派。赵汸接受了朱学笃实致知的功夫，也主张尊经读书，仍然是以程朱之教为归，只不过避免了朱子之学中支离的短处，而吸收陆学精于"默思"的长处。

在学术思想方面，程敏政主张"道一"学说，是关于朱熹与陆九渊之学"始异而终同"的阐释。程敏政所讲的"道一"包含两层意思：一是指宇宙之"道"，也就是朱熹与陆九渊两家所求的"道"，乃是同一的，并无二样；二是指朱、陆两家之说及其为学之道，最终归于一致。尽管他因著《道一编》，宣扬朱熹与陆九渊"早异晚同"之说，招致当时以及后来学者的"非议"，认为他"抑朱扶陆""辱朱荣陆"；但在《复司马通伯宪副书》《答汪金宪书》等信中，他曾反复数千言，为自己编著《道一编》辩解，表白自己编撰《道一编》的目的，并不是"抑朱扶陆"，而是因为有感于"近世学者"在学朱子之学时"未探朱子之心"，所以为阐发朱子之学而编此书。

郑玉、赵汸、程敏政虽然提倡"和会朱陆"，但总体倾向于程朱理学的宗旨。

明中叶以后，王阳明承续陆九渊"心即理"这一个基本命题，与陈献章、湛若水师徒相唱和，以"致良知"之学取代朱熹"格物穷理"之学，受到当时思想界的欢迎。徽州学者也翕然响应。如歙县人洪启蒙，潜心阳明之学，曾经在紫阳书院主讲心学的一些观点；毕珊正德年间，得知王阳明在南京讲学，徒步前往南京拜王阳明为师。祁门人郑烛、谢显，婺源方瓘拜入湛若水门下，学习明性理之学。黟县人李希士，则与邹守益、湛若水共同创办中天书院讲学；晚年在黟县创办桃源书院，接待四方学者。嘉靖间，湛若水更是亲临徽州，先后在斗山、天泉、中天等书院讲学，并为其弟子祁门谢显所建神交馆作铭作记。王阳明的高足王艮、钱德洪、王畿、邹守益、刘邦采、罗汝芳等也先后来到徽州，主讲盟会。一边是徽州的王、湛门人自觉传播，一边是王、湛二家的主动出击，心学迅速在徽州流布开来，新安后学遂纷纷转向"致良知"一途。

在徽州的学者中，推崇王阳明学说影响较大的当数汪道昆。汪道昆与王阳明的著名弟子王畿、王艮等生活于同一时期。他 23 岁中进士，历任朝廷和地方大员，与当时文坛领袖王世贞并称"南北两司马"，可谓亦宦亦士。他称阳明心学为"绝学"，与王阳明的弟子王畿、焦竑等多有交往，亲历了阳明心学在徽州的广泛传播。

宣传阳明心学最为得力的是休宁还古书院。据《还古书院志》记载：明万历二十五年（1597）十月大会，听讲数百人；万历三十一年（1603）十月大会，听讲几千人；万历四十三年（1615）九月大会，本地学者 150 余人、外府外省共 30 余人；天启元年（1621）大会，听讲者外郡共 27 人、本郡共 178 人。可见阳明心学当时在徽州流行的盛况。

明亡之后，思想界反思当时的社会问题，对泛滥于晚明的心学进行批判，出现复兴朱子之学的潮流。在此社会与学术背景之下，清初徽州学术文化有过短暂的回归朱子之学一统的运动。康熙八年（1669），杨泗祥、施璜等人制订《紫阳讲堂会约》，会约核心是"崇正学"。清康熙、乾隆时期，徽州学者江永、戴震、程瑶田等人提倡实事求是的治学精神，反对理学空谈，倡导经世致用，力矫宋明学术之弊，并对新安理学家的"求真是之归"的学术主张加以改造。治学侧重于文字音韵、天文地理、名物典章制度的考证，鄙弃凿空之言，开创朴学的求实风气。此后，朴学取代理学，成为清代学术的主流。

第三节　徽派朴学的兴起

明末清初歙县人黄生开徽州考据学先河。他博学多识，好小学，精通训诂，又工书画，善诗文。所撰《字诂》，钻研文字声义之奥，在训诂实践中通过音转的分析与阐发，揭示音义之间的联系，考释词义。黄生不但能以声音贯穿训诂，还十分注意利用语音流转（即"音转"）方法分析词语义之间的音义关系，阐述同源词，于"六书"多有阐发，每字皆见新义。黄生在训诂上是徽派朴学中最早采用以声音贯训诂的学者，是徽派朴学"以声原义"的发轫者。又撰《义府》，详细考论经、史、子、集，辩证精确。

婺源江永治学以考据见长，开徽派经学研究的风气，被誉为东汉郑玄之后第一人，为宋明理学向乾嘉汉学转化作出了重要贡献。著名学者戴震、金榜、程瑶田等皆从其受业。少年时即研习《十三经注疏》。对"三礼"（《礼记》中的周礼、仪礼、礼记）尤精思博考，撰《礼学纲目》88卷，以补正朱熹《仪礼经传通解》。凡古今制度、天文地理、钟律推步、中外历算等，无不探究索隐。精研数学，读梅文鼎书，有所发明，并参考西洋算法作《数学》8卷、《续数学》1卷、《推步法解》5卷。又精于音理，注重审音，尝撰《古韵标准》，定古韵为13部，对研究中国古韵有重要创见。其《音学辨微》《四声切韵表》，阐明等韵学及韵书中分韵的原理。另著有《周礼疑义举要》，对先秦名物加以考释，其中《考工记》2卷，颇多创见。还著有《近思录集解》《乡党图考》《律吕阐微》《深衣考误》等。

淳安方楘如也是徽派朴学的早期倡导者，他曾受业于毛奇龄。毛奇龄是清初反对理学最激烈的人物之一，他的观念影响到了方楘如。而方楘如又跟校勘家何焯的关系密切，从何焯那里学到了校勘学的概念，这些观念汇集在一起，使得方楘如开始提倡汉学反对宋学。刘墨在《乾嘉学术十论》中说："方楘如是较早意识到汉人学说中郑玄的重要性，他甚至亲自动手编成《郑注拾沀》一书以收罗郑玄的遗著，而这要比孔广森、黄奭、袁钧诸人早得多。"乾隆二年（1737），以经学被推举，钦召纂修三礼，固辞不就。自是闭户著书，深究经学。乾隆十五年（1750），主讲歙县紫阳书院。方楘如虽以科举制艺时文著名，但他主张以古文来作时文，认为作文章要根柢于经史、熔裁于百家，而不仅仅是株守几本制艺课本。徽州朴学家程瑶田、汪梧凤、金榜等均出其门下。

戴震是徽派朴学领袖，他的知识相当广博，在学术上有多方面的成就。他写过不少自然科学、哲学和文字训诂方面的著作，是一个著名的天文、算学、地理、哲学和文字学家。然而戴震一生中最重要的贡献在哲学领域。他的哲学观点主要体现在2部著作中：一部是《原善》3卷，写于乾隆二十八年（1763）；另一部为《孟子字义疏证》3卷，原名《绪言》。南宋以来，以朱熹为代表的程朱理学在中国哲学思想史上占统治地位。根据程朱的世界观，宇宙之构成元素，一为"气"，是宇宙形成的原素；另一为"理"，即理性，本原或规律。在理气观上，戴震用气化说批判了朱熹的理本体论。戴震认为，阴阳五行是天地万物本体，"气化流行，生生不息"，是自然界发展的根本规律，此外没有任何东西可以称为本体。他认为，理是事物的规律，规律是具体的，不是抽象的，在事物之中，而不在事物之外。在"理欲之辨"这个理学的核心上，戴震大胆地提出"人欲即性"的思想，无情地揭露和批判了理学家提倡的

"存天理，灭人欲"的禁欲主义思想，并且揭露了这种学说有害的社会作用。

戴震断言，即使伟大的品质，如"仁""义""礼""智"都不过是人类基本本能"食""色"的简单扩大，或者是"怀生畏死"的自然欲求。除了这些自然欲求之外，那些品质就无处可寻了。进一步讲，这些美好的品质是"道"的显现，人欲也是"道"的体现，"饮食男女，生养之道也，天地之所以生生也"（戴震《原善》卷下）。"道"是变化和活动的无休止的过程，"欲"亦然。因此，善并非无人欲，是人欲的有秩序的满足和表现，人们在生活中就是要认识这个规律，并把握这个规律，"节而不过"这样才能使欲望得到正确的发挥。减少或压制人欲的企图，在戴震看来，会造成伪善、不公道以及无数的其他社会弊病。

清代中叶，是考据学发展的兴盛时期，考据学家一致公认戴震为其学派的领袖人物，但对戴震的哲学思想，理解的人并不多。只有洪榜、章学诚、凌廷堪、焦循、阮元等为数很少的几个人意识到戴震哲学思想的重要性，但对戴震哲学思想的本质认识不清。戴震的高足弟子段玉裁、王念孙继承和发扬了戴震在语言文字学上的成就，却对哲学毫无兴趣。这使得戴震的哲学思想直到清末，都没有能得到继承和发展。从21世纪开始，戴震哲学思想接近科学和民主的实质，才逐渐被人们所认识，从而确立了戴震在中国哲学史上的重要地位。

程瑶田是清歙县城东人，受学于方楘如，又得到一代名师江永的亲自点拨教诲，同学辈如戴震、金榜等高手间长年的切磋，因而学问日益深厚，很快就成为全国知名的大学者。在治学上，程瑶田素以精密著称，连戴震也自叹不如。程瑶田在学术上的成就，受到诸多名家称赞，是同他的治学态度和治学方法分不开的。程瑶田先以穷理尽性，格物致知之学发为文章，十三经传疏贯穿于胸中，又博搜三代以来桓碑彝器，篆籀分隶之书，莫不考据精确。程瑶田从小学入手，精研古文字，熟读十三经注疏，又广为搜罗古器，用实物以整理史料。这种治学方法，开始了史料学同考古学相结合的新阶段。

方楘如主讲歙县紫阳书院时，汪梧凤向方楘如学习科举制艺，方楘如虽以时文著名，但他主张以古文来作时文。汪梧凤经其指点，知道作文章要根抵于经史、熔裁于百家，而不仅仅是株守几本制艺课本。当时，江永、戴震崛起于乡里，对经史尤为精通。清乾隆十七年（1752），汪梧凤礼聘江永为师，请他到不疏园，提供吃住用，向江永请教经学。江永受聘来园中设馆教学7年，并在这里完成朴学著作《乡党图考》。同年，又聘戴震来不疏园教导汪梧凤之子汪辉、汪灼。为了研学的需要，汪梧凤斥千金购置图书。江、戴入住不疏园讲学，受到当时徽州学子的广泛关注。汪梧凤又广招好学之士，同住不疏园，日夜诵习研讨经史子集。不疏园常常是高朋满座，师生同学讲经论学，好不热闹。经常到不疏园相聚的徽州学子有程瑶田、金榜、汪肇龙、方晞源、郑牧、吴绍泽等，他们以江永为师，向他请教。这些学子在不疏园相聚，时间长达十数年，有的七八年，有的四五年，学成之后方才散去。汪梧凤始终伴随江永左右，与各位师兄弟共同研究，相互探讨，从事著述活动，受到世人赞誉。时称，戴震深于经，郑牧精于史，梧凤熟于子。戴震、程瑶田、金榜、汪肇龙、方晞源、郑牧、汪梧凤更有"江门七子"之称。在徽州朴学的兴起和考据学大师的成长过程中，不疏园的聚合与资助之功，不可遗忘。

汪梧凤对《诗经》的研究很深，每次与汪肇龙等人谈到对《诗经》的不同理解时，互相辩驳，相持不下。可见，汪梧凤博览群书，有广阔学术视野，且治学态度严谨。汪梧凤的诗学思想主要体现在《诗学女为》一书中，他认为《诗经》是在民间传唱的过程中逐步形成的，最终的成型是经过孔子整理的。他认为风、雅、颂是不同的诗体，并不存在高低之分，而对于赋、比、兴中的"兴"，汪梧凤作了进一步区分。对《诗序》作者，汪梧凤结合众人之说，提出自己的观点，认为是子夏所作。汪梧凤还对宋以来《诗》的用韵加以论述，对《韵补》《专注古音》存在一定程度的肯定，并且全面否定了朱熹叶韵的方法。

金榜自幼师从同县的鲍倚云学习科举制艺，年少时就以才华显露文名。方㸌如主讲歙县紫阳书院，金榜又从方㸌如学习科举制艺。后相继向婺源江永学习经史，向桐城刘大櫆学诗与古文辞，为以后的学术研究打下坚实的基础。金榜治学秉承江、戴之学，在治学方法上按照徽派朴学"不以人蔽己，不以己自蔽"的求是精神。在《礼笺》一书中，虽然很多观点征引郑玄之说，但对郑玄的看法有不同意见，也一一加以辩驳，体现了金榜求真求实的治学风格，这也是此书之所以能够超越前人，成为礼学研究重要著作的原因。吴定《紫石泉山房集》卷十《翰林院修撰金先生榜墓志铭》推举此书"详细制度，卓然可补江、戴之缺"，可见对金榜的推崇。

嘉庆、道光之际的黟县俞正燮，著述长于考据，认为只有经过局部的考证，才有整体的归纳从而得出明确的结论。其学问极其渊博，经学、小学、史学、医学、天文、历算、边防、政治、宗教、地理、经济都造诣颇深，留下了一大批影响较为深远的著作，主要收录于《癸巳类稿》15卷和《癸巳存稿》15卷中，不但内容非常丰富，而且观点非常明确，论证非常严密，学术界都非常爱读。俞正燮所处的时代，正当欧洲一些国家资本主义发展，为寻找殖民地先后东侵，同时西学东渐。俞正燮主张学习西方先进技术，富国强兵，先后写了许多文章，介绍西方先进技术，考证研究中国边疆的历史地理，并阐述自己的观点。

第四节 近代徽州学术转型

乾隆中叶以后，随着清朝统治的由盛转衰，各种社会矛盾和社会危机逐渐显现，并波及思想文化。学术界也发生了深刻的变化，朴学发展到后期，也因烦琐考据，唯汉是求，弊端日益显露，研究内容也日益脱离社会生活，忽视对义理的探索，不能回答社会的现实问题，终于不可避免地走向衰落之路。徽州学术开始向近代新学思潮转型。

汪宗沂是徽州地区学术转折期的一位重要学者，既是朴学家也是新式教育家。曾随仪征名师刘文淇研究汉学，从桐城名师方宗城治宋学，拜翁同龢为师。又自钻研经学，博览群书。通拳术、剑术、马术，喜谈兵，对周易、兵法、诗词、音韵、琴曲乃至岐黄之学，都有涉猎。而其治学的重点仍在于经学，汉宋兼采，博征群籍以存已佚之经，集众说之长以释未佚之经，精于校注，赓续了新安先贤的精髓，在辑录佚文遗说方面作出了很大的贡献。民国《歙县志·艺文志》著录其著作，共有 30 种 54 卷，主要有《周易学统》《五声音韵论》《三家兵法》《诗经读本》《孟子释疑》《黄庭经注》等。汪宗沂思想进步。20 世纪

20年代初设于芜湖的徽州公学是徽州革命志士与芜湖革命团体岳王会联合筹办的，汪宗沂是芜湖徽州公学名誉总理兼经学国文教员，洪泽臣为监督，陈独秀为监管。陈独秀是中国共产党创始人之一，汪宗沂比陈独秀年长，却相处甚好。汪宗沂去世后，陈独秀曾作诗怀念。他的进步思想也影响了他的学生与后人，学生许承尧、黄宾虹等都参加过反清革命，黄宾虹甚至为革命组织"黄社"冒死铸钱筹款。次子汪律本、三子汪行絮都是同盟会成员，致力于推翻清朝统治。

如果说汪宗沂是在传统朴学的传承下逐步向近代新学思潮转型的学者，那么绩溪邵作舟则是徽州学术由传统朴学向近代新学思潮转型的激进派。所著《邵氏危言》20余篇，首冠总论，次列学校、理财、用人3篇，内容涉及政治、经济、文化、教育等各个方面。文笔感愤激昂，主张向西方学习。《邵氏危言》与汤寿潜的《危言》、郑观应的《盛世危言》并称为"晚清三危言"。邵作舟长期担任维新派幕僚，熟悉洋务，留心时政，提倡变法。他在书中指出时事政治中的各种弊端，对君主专制制度、官僚制度批判入木三分。邵作舟既不同于为官当政的洋务派，更不同于迂腐老朽的顽固派。他对经济问题理论分析不多，但联系社会现实紧密广泛，属于早期资产阶级改良派。他的另一部哲学著作《公理凡》，熔各类学科于一炉，中西互证，堪称中国哲学史上的一部奇书。邵作舟的变法思想还表现在

如何对待中学、西学的关系方面，他在《邵氏危言》中专门写了《译书》一篇，建议不仅要学习西方的自然科学知识，还要了解西方的各种制度、社会风情，反映了改良主义思潮发展的新变化。

在东方向西方学习的潮流下，休宁人戈鲲化却显得特别。戈鲲化曾先后在美国驻上海领事馆、英国驻宁波领事馆任职，对西方特别是美国有一定的了解，而且教过一位英国学生和一位法国学生。19 世纪末，美国哈佛大学决定设中文讲座，培养通中文的人才，以增强美国在中国进行商业贸易的能力。经过考察，他们找到了戈鲲化，光绪五年（1879）五月二十六日，美国驻牛庄领事鼐德在上海总领事馆，代表哈佛大学校长埃利奥特和戈鲲化签订任教合同。这年秋天，戈鲲化乘船抵达美国，开始了他在哈佛大学的教学生涯。这是近代中国第一次向西方世界派出教师，讲授中国文化，戈鲲化也是第一个走上西方讲台的中国人。在哈佛大学，任何有兴趣了解中国的学者，或者希望从事外交、海关、商业及传教事业者，只要缴费就可选修他的课程。他还为哈佛的教授们特别开设了诗文讲座，有时还应邀到教授俱乐部去演讲。他以特立独行的特质和厚重的中国文化背景成为哈佛大学令人瞩目的贵宾，成为中国文化输出的先行者。

向近代新学思潮转型的过程，按照雷绍锋《中国学术流变史》的说法，划分为 2 个时期。以 1919 年的五四运动为界标，五四运动以前属于初期，以提倡"民主"和"科学"为中心内容；五四运动以后带有新民主主义性质，以传播、学习、研究马克思列宁主义为主要内容。绩溪的汪孟邹、胡适和歙县的吴承仕、陶行知则是新文化运动中的关键人物。

1915年《新青年》杂志创办，得到汪孟邹的大力支持。先是光绪二十九年（1903），汪孟邹在芜湖开办省内第一家新式书店——芜湖科学图书社，曾支持陈独秀主编《安徽俗话报》。陈独秀曾将编辑部搬到汪孟邹的图书社二楼，这样一来，陈独秀与汪孟邹便有了更多的接触，建立起了深厚的友谊。辛亥革命成功以后，陈独秀建议汪孟邹到上海去开书店。汪孟邹接受了陈独秀的建议，在上海四马路惠福里开办了亚东图书馆。1915年，陈独秀由日本东京回到上海，向汪孟邹提出自己打算在国内再办一份新杂志。汪孟邹当时没有力量做，于是介绍给群益书店出版发行，这就是《新青年》杂志。《新青年》杂志发起新文化运动，宣传倡导民主、科学，发表的重要文章有陈独秀的《驳康有为致总统总理书》、胡适的《建设的文学革命论》、毛泽东的《体育之研究》、周作人的《人的文学》、李大钊的《庶民的胜利》、鲁迅的《随感录四十》。中国共产党成立后，《新青年》成为中共中央正式理论性机关刊物，以传播、学习、研究马克思列宁主义为主要内容。

以汪孟邹为主人的亚东图书社，为新文化运动鼓与呼，作了不少事情，对扩大新文化运动的影响做出很大贡献。1915 年，亚东图书馆接受章士钊在日本创办的《甲寅》杂志，从第 5 期起，出版发行皆由亚东全权负责。《甲寅》杂志举"反袁"大旗，在当时的中国知识分子中产生极大的影响。胡适与陈独秀相识，并经陈独秀推荐成为北大最年轻的教授，也是因汪孟邹的牵线搭桥。

新文化运动的鼎盛时期，很多图书都是由亚东图书社出版发行。1919 年出版胡适译《短篇小说》第一集和《孙文学说》；1920 年出版胡适的《尝试集》（新诗）和汪原放标点的《水浒传》《儒林外史》及田寿昌、宗白华、郭沫若的《三叶集》；1921 年出版胡适的《胡适文存初集》、汪原放标点的《红楼梦》《西游记》、高语罕的《白话书信》；1922 年出版胡适的《先秦名学史》（英文本）、陈独秀的《独秀文存》、汪静之的《蕙的风》等。至 1937 年抗日战争全面爆发前夕，亚东图书馆成了以胡适、陈独秀为代表的新文化的策源地。汪原放标点的古典小说，都有胡适等名家的序言和跋，使胡适创造了一个"新红学"派系。1935 年，亚东图书馆与求益书社重印《新青年》杂志，请蔡元培和胡适题词，胡适的题词是："《新青年》是中国文学史和思想史上划分一个时代的刊物，最近二十年中的文学运动与思想改革，差不多都是从这个刊物出发的。"

在新文化运动中，胡适的作用不可忽视。他倡导和领导文学革命，成为新文化运动的干将，同时也是中国近现代学术史上重要的领军人物。他融合中国传统儒学以及西方学术的精髓，形成了中西兼容的"科学方法"，即"大胆地假设，小心地求证"。他开创白话文学，倡导文学革命，成为那个时代的先知先觉、引领风气之先的大师。胡适在新文化运动中的历史功绩主要有3条：第一是反对文言文，提倡白话文。为推进白话文，他对中国现代汉语语法不仅有过总体谋划，而且对标点符号的试行也有具体的研究。第二是整理传统文化遗产，拓展现代学术领域。他有一个专门术语，叫"整理国故"，主张用历史的眼光扩大研究范围，用系统论的方法来整理国学资料，用比较研究的方法来整理研究。他撰著的《中国哲学史大纲》《先秦名学史》《白话文学史》《戴东原的哲学》《中国思想史》等专著，对《红楼梦》《西游记》等名著的考证，特别是以大半生精力对《水经注》学术公案的重审，做的都是整理我国传统文化遗产工作，贡献卓著。第三是输入西方现代化思想，推动中国文化转型。他是"实验主义"哲学家杜威的弟子，他认为杜威的"实验主义"哲学注重实际效果，是可用的思想工具，力图用它来解决中国的现实问题。他还积极宣扬易卜生的批判精神、自由思想和个性解放。

如果说胡适引领了新文化运动，歙县吴承仕则是中国较早以历史唯物主义的观点研究经学和古代历史的学者。他早年拜章太炎为师，在音韵训诂和古代名物制度考辨方面造诣很深，与章氏另一著名弟子黄侃并称为"北吴南黄"

两大经师。在文字、音韵、训诂研究上，他将汉至唐间近百家音切分别辑录整理出来，然后参较典籍原文进行辨证，最后成书 25 卷，序录 1 卷，后缩简为 7 卷出版，名为《经籍旧音辨证》。这是一部音义互证的训诂专著，更是一部经学研究的工具书。在经学研究方面，最突出的成就是对古代名物制度的探索。他以自己小学研究的成果作工具，广采浩繁典籍资料作参证，深刻探求中国历代典章制度的特点与规律。承继新安学派江永、戴震等治学方法和传统，精研音韵、训诂，详考古代典籍中的名物制度，尤其是对"三礼"的研究，在资料的搜集、研究的规模、学术见解等诸多方面没有人能够比得上他，代表作有《三礼名物》《三礼名物略例》。

歙县陶行知是近代中国最伟大的教育家。为提倡新教育，五四运动前夕，他与胡适等一道，代表北京大学、南京高等师范学校、新教育社等，先后邀请美国教育家杜威、孟禄来华讲学，传播介绍西方新的教育思想。同时，进行办学实验，1920 年举办了南京高师也是中国高校的首期暑期学校，培训教育干部和教师，连办 3 年。创办私立南京安徽中学并亲任校长。创设南京昆明学校，也是第一所平民初级学校。1923 年，发起组织中华平民教育促进会，开始了他为之奋斗终身的平民教育和乡村教育事业。1927 年，在南京郊区创办了中外闻名的试验乡村师范学校——晓庄师范，实践他所创立的"生活教育"理论，即"社会即教育""生活即教育""教学做合一"。陶行知毕生从事平民教育事业，提出"以教人者教己，在劳力上劳心"的口号，并且真正做到身体力行，同贫苦学生同劳动、同甘苦。主要著述有《中国教育改造》《斋夫自由谈》《行知书信集》《行知诗歌集》等。

第五章
徽商的崛起

　　徽商是指明清时期徽州府所辖歙、黟、休宁、绩溪、祁门、婺源六县商人集团，同单个的徽州商人是有区别的。徽商作为一种松散的商人帮伙，形成于明代中叶（1488年前后）。徽商的形成有以下几个特征：一是徽州人经商风气开始形成，人们摒弃了以经商为耻的传统观念，纷纷走出家乡，到外地经商，活跃于各地市场；二是徽州人结伙经营的现象已经非常普遍，大家以宗族乡里关系为纽带，结成规模庞大的群体；三是"徽商""徽贾"作为一种特定概念的名词，被当时的人广泛应用；四是作为徽商骨干力量的徽州盐商已在两淮盐业中取得优势地位。

第一节　徽商的形成与发展

一、徽商的初始阶段

徽州境内自然条件恶劣，生产技术低下，用力甚勤，所得甚寡。一亩地的收入往往抵不上苏州、湖州等富庶地区的一半。唐宋以后，随着人口的增多，开始出现收不敷食的情况，70％的食粮仰懒江西和江浙供给。为了获得换取食粮的货币，徽州人充分利用当地山青水清的自然地理特点，开展多种经营，植茶、造纸、制墨、制砚等，形成了徽州土特产丰富和手工业发达的经济特色。

徽州山多田少，粮食不足而盛产土特产与手工业品的经济结构，对商业的发展起到了刺激作用。水路的便捷又为商业的发展提供了可能。输出特产和手工业品，换回粮食。这种经常性的交换，使徽州人不断地积累从商经验。正是在这种特定的环境下，徽商逐步成长起来。

《南史》记载，南朝梁时，有一名叫王实的新安太守，其堂兄来徽州向王实求助，王实给了他50万铜钱，叫他不要在徽州和回去的路上乱用。堂兄不听，私下在郡城的集市上买了很多货物，运到都城去卖，说明当时徽州已经有一定规模的商品市场。唐代，徽州盛产茶叶，吸引了大量的商人前来贩销，这里面也有当地商人。宋代，随着大量土特产品和著名手工业品的兴盛，商品交换更趋发达。徽纸远销四川，夺得当地蜀笺的市场。南宋建都临安（杭州），大兴土木，使竹木和漆的市利百倍，对徽州商业资本的发展更加起了刺激作用。

有商品交换，就有商人存在。由于古代中国是一个重农抑商的国家，加上史料湮没，唐以前没有一个有名有姓的徽州商人见载史籍。最早见于记载的徽州商人，是南唐时的休宁人臧循。据陆游《南唐书·查文徽传》记载，臧循同查文徽是同乡，查文徽当时任江西安抚使，欲兴兵攻打占据福建号称殷王的朱文进。臧循曾经在福建经商，对福建的山川道路非常熟悉，于是为查文徽出兵出主意。宋初，祁门县程承津、程承海兄弟经商致富，号称"程十万"，分别被人们称为"十万大公""十万二公"。宋高宗时，边关不宁，国库空虚，两程的后代程旻，一次捐纳边饷5万缗，受到高宗的敕褒。歙县吴用清、吴福父子也因善于经商，以财富称雄乡里。朱熹的外祖父祝确经营的商店、客栈占了徽州府城的一半，人称"祝半州"。徽商朱元经营茶业，遇蔡京改茶法，说其私贩茶叶有罪，因而入狱。婺源县有一方姓盐商，南宋初年曾带仆人到芜湖经商。南宋后期，逐渐出现长期在外、多年不归的商人。方回《桐江集》就曾记有一位黟县商人，远出经商，离家竟达10年

之久。南宋时期，在徽州人的生业中，经商已经开始占有一定位置。

元代的徽州商人资本已具有相当规模。歙人毕仁，出身经商世家，16 岁便在庐州开设茶叶店，充当坐贾。其父毕天祥则每年运茶数百引，充当行商。元末休宁人程维宗，经商致富，资产积累更加惊人。他在休宁、歙县两地购置田产4000 余亩，雇用佃仆 370 余户，设有 5 处庄园：宅积庄、高远庄、知报庄、嘉礼庄、尚义庄，并在屯溪建造店房 4 所、房 47 间，囤积货物。另一位歙人江元在朱元璋入徽时，竟一次性助饷银 10 万两，明朝建立后，以功钦授博士。

入明以后，徽州商人的活动愈来愈活跃。婺源商人朱基经常经商常州一带，后迁居无锡县的许买布桥。永乐时，徽商程实，以木换粟，运到苏州去卖。与程实同时的程志发则以专造牌筏，获得厚利。歙人王道茂见松江盛产棉布，便前往松江从事棉布经营。

二、徽商的崛起

徽商的崛起以明初盐业开中制为契机。明朝建立以后，为了防御蒙古残存势力的南犯，在北部边境设置卫所，驻扎军队，形成很大的军事消费区。驻军的供应基本上依靠军屯，但北部边镇地处高寒地带，产量很低，难以供给几十万兵马所需的大量粮饷、布匹、草料等军用物资。因此，明政府每年还得从内地拨运粮饷供应边防，转运费用浩大，劳民伤财。洪武三年（1370），明政府为了节省民力与运费，实行开中制。利用国家所控制的食盐专卖权，让商人运粮、马、茶、铁等军用物资充实边防，向政府换取贩卖食盐的专利执照——盐引，然后凭盐引到指定的盐场支取食盐，再到政府规定的销盐区去销售食盐，获取利润。这样，既可节省转运的耗费，又能满足军队所需。由于盐是人们生活中的必需品，卖盐可以获取高额利润，而盐引的获得又是以在北方边镇交纳粮食和其他军用物资为条件的，因此在北部边镇出现了规模较大的粮食市场，拿米换取盐引成为商人获取厚利的主要途径。当时的婺源人许达，便是通过开中制经营盐业而致富的。由于开中制主要实行于山西、陕西一带，山、陕商人占据地利，一直是开中制的最大受益者。到了成化、弘治年间，明王朝改变开中制，允许商人在产盐地区两淮、两浙直接纳银购引，业盐谋利。这样一来占地利优势的山、陕商人便失去了优势，而以江南为活动中心的徽州商人，却因此而得地利之便。一些原来在江南一带从事典当、粮食、棉布、丝绸经营的商人，纷纷打入盐业领域。如歙商江才，原在杭州从事小商小贩，后改营盐业；吴良儒先是在上海从事典业，后挟千金至杭州经营浙盐，仍不满足，又挟万金至两淮经营淮盐；程澧则一边在苏州经营布业，一边在扬州经营盐业，还在徽州经营典当，数业并取。于是，徽州商人以经营盐业为中心，开始雄飞于中国商界。明嘉靖四十年（1561），徽商最早的

集团组织——歙县会馆在北京创设，标志着徽商活动进入了一个新的阶段。

三、徽商的鼎盛

明代中叶以后至清乾隆末年的 300 余年，是徽商发展的黄金时代，其营业人数、活动范围、经营行业、商业资本都居全国各商人集团的首位。当时，经商成了徽州人的"第一等生业"。徽州有句俗话："前世不修，生在徽州；十三四岁，往外一丢。"意思是人到十三四岁，就要外出当学徒学做生意。徽商的活动范围遍及城乡，东抵淮海，西达滇、黔、关、陇，北至幽燕、辽东，南到闽、粤，尤其在长江流域，有"无徽不成镇"之谚。徽商的足迹还远至日本、泰国、东南亚各国以及葡萄牙。经营行业以利润高的盐、典、茶、木为最多，次则粮食、棉布、丝绸，其他则无业不营。商业资本已达到惊人的程度，万历《歙县志》称，歙县以经营盐业起家的巨富，"初则黄氏，后则汪氏、吴氏而起，皆由数十万以汏百万者"。清代，两淮盐业八总商，仅歙县商人就占了一半。

四、徽商的衰落

徽商崛起于明中叶，由盐业起家，是在封建政权的庇护下得到发展的。到了清乾隆末年，随着封建统治的日趋没落，课税、捐输日益加重，徽州盐商的处境愈来愈为困难。歙县盐商巨子江春到了晚年，已不得不靠借贷皇帑以资营运。道光十二年（1832），政府在盐场附近设局课税，不论谁，凡缴足盐税，即可领票运盐，销售各地，打破了原来由徽商控制的官商一体的包销制。靠盐业发迹，进而控制盐业专利的徽商，适应不了再度开放、自由竞争的局面，开始衰落，继而典当业也因外国银行的侵入而中落。茶商、木商则由于鸦片战争和太平天国运动的影响，商路阻断，亏耗不可胜数。尤其是帝国主义入侵，外国资本渗入，新兴行业兴起，封建生产方式逐渐发生变化，资本主义生产关系出现，商业经营方式渐异于往昔。只掌握传统商业知识、技能的徽商，限制在贩卖销售的商业范围之内，甚至渐渐地与旧式手工业和农业失去紧密的联系，所贩卖销售的货物，差不多都是从外地或本地的生产者或贩运者手中购来的，势必要受人宰割，仰人鼻息，不能占有操纵、垄断、独占的支配地位，开始走下坡路。但部分徽州商人在外来资本和官僚资本这两股势力夹击下，顽强抗争。胡雪岩的发迹，说明了徽商的固有精明。而胡雪岩的破产，则是历史的必然。其他徽商在清末民初也崭露头角，如歙商鲍鸣歧，因太平天国运动资本丧失大半，后乘浙东改革盐政之机，与其从兄合资营运，悉力调度，获利甚厚，10年累巨万。太平天国时期，长江航运不通，淮盐运不出来。曾国藩改革盐政，改纲为票，每票300两白银，黟商李宗煝集资得13票，太平军失败以后，淮盐畅行，获利数倍，不几

年成为巨富。光绪年间，休宁人汪厚庄在上海开设祥泰布店，聘请同邑汪宽也为经理，广设收购土布网点，加工染色。因质量上乘，营业日隆，成为沪上布业之冠。歙人程谨轩清末因结交上海"礼和洋行"经理，经营地产致富。其子霖生继承父业，累资达 6000 万银两，上海从河南路的抛球场至西藏路以及从新世界至卡德路，另石门二路一带，均为其地产，有"地皮大王"之称。民国初年，徽商在汉口的势还很弱，1921 年以后，整个汉口的棉纱、典衣、匹头等各大商业，几乎为徽商独占，钱庄也极占优势。但这毕竟是徽商衰运中的微光。他们同帝国主义没有关系，同新军阀官僚没有渊源，在同新财阀们的竞争中，足以使之倾家破产。程霖生晚年热衷黄金买卖，恃富狂言要操纵上海黄金市场，因而受到孔祥熙、宋子文等官僚资本的倾轧，又遇时局不稳，地价跌落，导致败落，最后不得不以变卖家藏古玩度日。

第二节　徽商的经营活动

一、徽商的资本来源与资本流向

徽州人开始经商的资本，多为自己劳动所得的积累和借贷，也有的是山租和佃仆提供的田租，或依靠共同出资、委托出资、邻里援助，或妻家提供资金（嫁妆），或由上辈遗产转化为资本。依靠劳动收入、佃仆租金、借贷作资本经商者，一般是独立的小本经营，逐渐致富。明末汪社生因家贫，往江、浙一带肩背布匹贩卖而富裕；歙人汪玄仪世代为农，开始从商时，仅聚 3 个月的粮食作为资本，去河北等地经营盐业致富；婺源人李士葆，年轻时在芜湖给人帮佣，中年开始借钱经商，终致大富，芜湖建徽商会馆，一次就捐输千金。依靠遗产或乡党族友集资经商的，资本较为雄厚，经营规模也较大。明嘉靖时，歙人方景真才 15 岁，其祖父和父亲授资，让他去经商，只许他支取利息使用。方景真开始经商就瞄准山东的棉花市场，一次就贩运了两大船至武进县。阮弼在芜湖开设纸行成功，其族人、亲戚纷纷前来求援、投靠。阮弼对读书人则助其读书，是经商之才便引导经商，能独立从商者则授予资本。休宁人程锁纠集同族 10 人，每人出资 300 缗，合资经营于吴兴县新市镇，获得成功。

徽商以资本大小分为上贾、中贾、下贾，百万为上贾，二三十万为中贾，余为下贾，等级很严，并直接影响到社会地位。每当徽商聚会时，汪道昆《太函集》记载"上贾据上坐，中贾次之，下贾侍侧"。盐商资本最充实，清乾隆时资本以千万计，次亦数百万。

据明万历间宋应星对侨居扬州盐商的估算，利润在 30% 左右。当铺利率一般在二三分。徽商利润，一部分转化为资本；个别投资于产业，如朱云沾在福建开采铁矿，阮弼在芜湖开设染坊，江长公在房村制造酒曲；更多的流向是课税、捐输、捐资办学、投资土地、投资公益建设或供挥霍。清初两淮盐纲课税只有 90 余万两白银，加上织造等课，也只有 180 余万，至乾隆年间竟达 400 余万两。乾隆三十八年（1773），歙县江春等盐商为佐平金川军需，一次就捐银 400 万两白银。乾隆间，歙县盐商鲍志道曾捐 3000 两白银修紫阳书院，捐 8000 两白银修山间书院。至于投资家乡建设，仅歙县现存明代祠堂、牌楼、佛寺、道观、桥梁、路亭就有 300 余处，清代投资就更多。有些徽商还以利润所得置田产，作为宗祠、义学收益，或传给子孙后代。如明代祁门商人胡天禄曾购输 300 亩为义田，以供祠堂祭祀之用。徽商发迹之前，尚能俭朴度日，一旦发迹致富，有些人即大肆挥霍，生活侈靡之至。徽商利润的流向有其时代性，没有能够扩大再生产，为其败亡埋下伏笔。

二、徽商的活动范围

明清时期，徽商的活动范围十分广阔，足迹遍及天涯海角。万历《歙志》记载，当时的都会，如南京、北京，江苏、浙江、福建、广东等省，苏州、松江、淮南、扬州等府，临清、济宁等州，仪真、芜湖等县，瓜州、景德等镇，以及穷乡僻壤，都有徽商的足迹。万历《休宁县志》

也说，不管是沙漠，还是海岛，徽商的足迹都曾到过。明末休宁人金声的《金太史集》中也有徽商"足迹常遍天下"的句子。

徽商的经营范围并不限于国内，他们的足迹还远涉重洋，达到日本、朝鲜、新加坡、马来西亚等国。明嘉靖十九年（1540），歙商王直采购硫黄、松棉等违禁货物，到日本、泰国和东南亚各国贸易，深受这些国家商户的欢迎，称为五峰船主。后因朝廷禁止海外贸易，王直便联络海盗，占据宁波双屿港，武装贩运走私。万历间，歙人许谷将浙江的生丝贩往海外，赢利百倍。崇祯时，徽商程正吾、吴光福等勾结山东登州府汛军，将丝绸、棉布、水银等走私运往朝鲜销售，贩回人参等物。清代，歙人吴福、绩溪人胡景棠将茶叶销往海外。绩溪的饮食业蜚声海内外，至今还有"一根面棍打到南洋群岛"的美谈。

以上徽商的活动范围仅是一个大的轮廓，主要限于大中城市，其实徽商在全国广大乡镇农村的活动，也是异常活跃的。如明清时期江南市镇的大量勃兴，就是徽商经营活动的结果。万历《嘉定县志》记载，南翔镇由于徽商侨寓，出现兴旺发达的景象。后来由于镇上的无赖骚扰，一些徽商便迁徙他处，南翔镇便衰落下来。同书记载罗店镇，原来很冷清，由于徽商前来贸易，市场繁荣，几乎超过南翔。一衰一盛，都是因为徽商的活动所致，可见徽商对乡村市镇的影响多么重要。

三、徽商的经营行业

明成化以前，徽商以经营"文房四宝"、漆、木、茶叶和粮食为主。成化以后，经商范围扩大，涉足行业多种多样，以盐、典、茶、木为最著；其次为粮食、棉布、丝绸、纸墨、瓷器；还有贩卖人参、貂皮、珠玑、古玩和从事刻书出版业的；也有经营小本生意，如开饮食店、杂货店，以及肩挑背负的小贩。可以说，徽商无业不营。其中婺源人多茶、木商；歙县人以盐、典为主；绩溪人多饮食业和茶业；休宁人多典当商；祁门、黟两县以经营布匹、粮食、茶叶、钱庄、南北货为多。

徽州盐商主要以两淮为基地，以扬州为经营中心，次则杭州。清乾隆时期，在两淮八总商中，歙县商人就占一半，资本雄厚。歙县江村的江姓，丰溪、澄塘的吴姓，潭渡的黄姓，岑山渡的程姓，棠樾的鲍姓，上丰的洪姓，唐模的许姓等，在扬州都成了著名的姓氏。歙县汪廷璋，自祖父迁扬州以盐业起家，富至千万；江春家世业盐，寓居扬州，继承父亲为两淮总商，在扬州有园林5处，清高宗曾两访其康山草堂。其他有汪石公太太、汪应庚、鲍志道、鲍漱芳、马曰琯、马曰璐、徐赞候、郑景濂、闵世章等，均在扬州以盐业起家。杭州是两浙盐业的批验所在地，杭州的徽州盐商也很多，《嘉庆两浙盐法志》记载了35名客籍商人，其中，徽州人占28名，证明徽商在两浙盐界占决定性优势。

徽商经营典当业，以休宁县汪姓和吴姓为多。明万历年间，徽商当铺遍及大江南北，仅河南一地就有 213 家。绩溪县坑口村和仁里村胡、程两姓在江苏、浙江等地开设当铺 20 余家。休宁人孙从理在吴兴县经营典业，设有典铺上百所。崇祯末年，徽州人汪篂居京师，家资数十万，在京设当铺数十处。清初，歙县唐模许姓木商在江、浙一带拥有 36 家当铺，从业者近 2000 人，资金数百万。清末，徽州典商更为发达。据光绪年间日本人对沪汉各地商帮的调查，当时典当业的掌柜，几乎都是徽州人担任。

茶叶是徽商的传统经销产品。徽州茶商主要活动于北京、广州、上海三地：输往北京的茶叶主要销往非产茶区；输往广州的茶叶，外销为主；清末，上海口岸兴起，徽州茶商开始集中于上海。上海的茶商，见于《婺源县志》记载的就有程泰仁、齐彦钱、宋球、金列光、李汝霖、孙华梁、戴维城、李绪树等。绩溪人程有相，于清道光十八年（1838）在上海创设程裕新茶号，历经 7 代。清末民初，仅绩溪人在沪开设的茶号就有 33 家，其中汪裕泰茶庄 6 有个发行所，被誉为"茶叶大王"。抗日战争以前，歙人在沪从事茶叶经营的商号总数以百家计，在杭州开设的茶叶店也有 50 余家。

木业也是徽商的传统经营项目。宋罗愿《新安志》载："民以茶、漆、纸、木行江西，仰其米给。"南宋建都临安所需木材，多由徽商提供。明万历年间修建乾清、坤宁两宫时，徽州木商王天俊等人，代购木材 16 万根。崇祯七年（1634）工部修造皇陵，祁门木商廖廷训采购木材，诏赠"御商"。清乾隆年间，杭州有徽商木业公所，为婺源木商江扬言创建。他的儿子江来喜又在钱塘江边购置 3690 余亩沙地，作为堆放木材的栈场。在芜湖的木商，以徽州人和临清人为多，徽人又居首位，其所堆放木材之处，谓之"徽临滩"。南京的徽州木商主要集中于上新河，并专门建有徽商会馆。

徽商还涉足粮食、棉布、丝绸、墨、瓷器、刻书、药、漆、染料、饮食、南北货、油坊、古玩等各行各业，如绩溪胡撌吉在浙江淳安设有胡咸春药店、歙县方志成在上海开有义泰漆店、周宗良在上海独家经营德国狮马牌颜料、休宁人程琼在湖州经营饮食服务业、歙人江终慕在钱塘经营杂货铺、鲍廷博在乌镇经营油坊、休宁人吴用良在苏州经营古玩等。

四、徽商的经营方式

徽商资本运作可分为独资经营、合资经营和承包经营三种。

独资经营方式比较单纯，资金是商业经营者单独拥有，并独自主持经营，是商店唯一的经营者。经营盈利则独自获得，失败也独自承担损失。独资经营多发生在小本经营者那里，然而随着商业经营规模的扩大，商业竞争的加剧，往往需要巨额资金才能左右逢源，应付自如。在这种情况下，不但小商小贩独力难支，即便是财力雄厚的富商大贾也往往会感到力不从心，于是合资经营的现象便应运而生了。

明万历三十九年（1611），祁门县奇峰郑元祜、郑逢旸、郑逢春、郑师尹、郑大前兄弟共 6 人合伙拼买杉木往瓜州发卖，将全部商业资金分作 12 股，由入股者自行认定股数，不料遇上大水丢失不少木材，又因误了行情，致使蚀本，于是按照合伙人所认定的股数均赔。合资经营虽然不能使持股者在商业成功时暴富，却可以避免持股者在商业失败时倾家荡产，故这种经营方式被徽商所普遍采用。为了方便徽商合资经营时的利润分成，明代徽州数学家程大位在他的数学专著《算法纂要》中为徽商合资者列了 3 道如何计算利润的例题。其中一道题设：元、亨、利、贞 4 人合资经营，元出本银 20 两，亨出本银 30 两，利出本银 40 两，贞出本银 50 两，共本 140 两。至年终，共获利 70 两，问各人应该获利多少。答案是元得利 10 两，亨得利 15 两，利得利 20 两，贞得利 25 两，并列出具体的计算方式。由此可见合资经营在徽商中的普及程度。

承包或承揽经营是指经营者自己没有或不出一分钱，承包下别人的店铺，独立经营，不论盈亏，按期付给店主一定的承包费；委托经营则是指商人自己有店铺或资金，全权委托别人经营，自己按期收取一定的承包费或利息。清康熙五十七年（1718）吴隆九承包休宁汪嘉会、汪全五在安徽巢县柘皋镇的"新创汪高茂"商号，经营杂货和布匹。店铺折价500两纹银，按1.6分付息，每年付承包金80两。黟县金华英善于经商，他的朋友范某却不善于经营，于是将自己的数十两银子交给金华英，委托金代为经营。数年后，范某之子竟得利钱千余两。承包经营实行了所有权与经营权的分离，为一些缺少资金，但又具有经商才能的人才，提供了施展身手的机会。

徽商的购销方式分为长途贩运、囤积居奇和赊销赊购3种：

长途贩运主要是利用商品的地区差价获取利润，古人称之为"行商"。行商是徽商中的主力，因时、因地进行区域间或跨区域的商品贩运活动。明朝中叶，歙人潘侃年轻时随父到四川经商，他觉得老是局限于四川一地难致大富，于是从其父亲手中领取少量资金，往来于荆扬吴楚间，从事商品贩运活动，果然发了大财。距离愈远，差价愈高，利润愈大。歙商许尚质，走吴门，越江南，西入蜀，又西涉夜郎、兰河、邛筰之境，跋涉的路途非常遥远，获利也极为丰厚。徽州所产的茶叶明代往北主要销往北京、蒙古，往南至广州而销于海外。这种突破区域界限的商品贩运，促进了封建社会末期商品经济的发展。

囤积居奇属于设店经营，即"坐贾"一类。明清时期全国各地的大小城镇几乎都有徽商坐贾开设的店铺。《歙事闲谭》记载，清乾隆时期光歙县一个县就有"茶行七家，银行业之列名捐册者十七人，茶商各字号共一百六十六家，银楼六家，小茶店数千"，由此可见徽商坐贾之盛。囤积居奇是坐贾利用时间上的差价牟利的一种形式，在商品供大于求，价格相对低廉时购进囤积商品；在商品需要激增，供不应求，价格相对高涨时售出商品，从供求差价或丰歉差价中实现相对多的利润。徽商中很多人都是通过囤积居奇而发家致富的。

赊销经营的对象一般为常年客户，采用立户头、起记折的记账方法来做买卖。顾客凭记折到店家购物，不必付现金，由店家记上账，注明所购货物及数量、金额、日期即可。店家每年分端午、中秋、年关三节上客户家结账收款。这种经营方式，在物价稳定的情况下，可以收到稳定顾客、扩大营业额和推广销路的效果。赊销经营分端午、中秋、年关三节到客户家结账，是因为三节对于农民来说，是"丰收"的季节，手头都有了一些钱，也正是店家收账的好时机。赊购是商人先向生产者预付定金，缓解生产者的资金不足。由于先付了定金，产生了约定，生产者必须把自己生产的产品销售给这些商人，保证了商家的货物来源，使其在竞争中从容不迫，稳操胜券。生产者既有了资金保证，又无出货之虑，安心生产，商家与生产者两利。

第三节 徽商的成功秘诀

一、勤俭发家、吃苦耐劳的精神

很多人一谈起徽商，总将徽商与奢侈连在一起，动辄"连屋列肆，乘坚策肥，被绮縠，拥赵女，鸣琴砧屉"（归震川《震川先生集》卷3）。其实除个别上贾较为奢侈外，80%以上的徽商都是勤俭发家，并具有吃苦耐劳的精神。

嘉靖《徽州府志》卷8《食货志》指出，徽人多商贾，是因"无田可业"。因此，作为第一代经商者，大多一贫如洗，勤俭发家就显得更加重要。婺源三田李祖纪开始贩木起家，精打细算，就是木头屑和锯剩下来的竹头都充分利用起来，财产愈积愈多，渐渐富了起来。致富以后，勤俭的习惯不丢，仍然和贫穷时一样精打细算，吃着粗粮，穿着布衣。所居住的房屋也极简陋，子女多了，也不愿意造新居。穿衣极小心，一件布衣穿了十几年，仍同新的一样，沾上一点灰尘，频频拂拭，唯恐弄脏了。一双好鞋子，平时不穿，来了客方才穿，真是勤俭到家了。

有了第一代商人的勤俭发家，商人后代还注意以廉守业。歙商汪玩每年光利息收入，就达 2000 金。但他一件衣袍穿了十几年也不换，以至手肘处都磨破。吃的也是粗粮素菜。别人都认为他太做作，他一点也不在意。就是上贾之家，勤俭自律，也大有人在。清乾隆时，歙县大盐商鲍志道，拥资巨万，妻子儿女仍然自己做饭扫地，过年过节也不演戏，讲究奢侈的客人，也不在家中接待。

光有勤俭思想，并不足以致富。他们还具有吃苦耐劳、百折不挠的创业精神。为了生活，徽商背井离乡，甚至刚刚娶亲便出家门，10 年、20 年、30 年不归。回来时，连孙子都娶了媳妇，儿子也不认识他。他们长途跋涉于外，跋山涉水，行走四方，踏遍名都大邑和偏僻的乡村，历尽艰难险阻。明嘉靖时，歙人许尚质，先是在苏州经商，然后往湖南、湖北、云南、四川、贵州长途贩运。晚年回到歙县，仍然天天劳动，上山砍柴，下园灌溉。他告诫子孙说，想当年在四川时迷失道路，在崖谷中跋涉，在冰雪中行进，至今仍觉得毛竦骨竖。他还将平生创业的艰辛写下来，刻成碑，立在厅堂之右，时时提醒子孙要勤俭持家，不断进取。歙人江遂志第一次经营失败，是因为官府诬陷他逃税，没收了他的所有货物，遂致一无所有。第二次失利，是因为货船在江中遇到大风，翻了船。两次挫折，都未能使其丧失信心。第三次他变卖了所有的家产，往来于扬州和南京之间经营盐业，终于发家致富。

— 104 —

二、以利润为目的的经济理念

徽商经营，以营利为目的，什么利润大，就经营什么。以对徽商习称的"盐、典、茶、木"来看，盐为专卖商品，利润之高，不言而喻。茶叶也曾受政府控制，后期通过通商口岸销往海外，利润也非常可观。木材虽为一般商品，但大的木料主要为宫廷和官廨所用，大木商亦领有官印，替官家采买，易致大富。如明万历二十四年（1596）重修乾清、坤宁二宫，据工部郎中贺盛瑞所撰《两宫鼎建记》记载，徽州木商王天俊等人，以金钱开通，依托势要，凭着办皇木的特权，买木 16 万根，逃税 3.2 万余根，亏国库五六万两。典息在二三分，多则四分，利润也是很高的。盐、典、茶、木以下，利润高的商品则为棉布、丝绸和生丝。布与丝绸，由于市场集中于江南，销售面广，销量大，利润非常可观。

很多徽商开始因资金有限，只能经营微利商品，稍有积蓄，即转营盐、典、茶、木、布或丝绸。歙人江才开始在杭州开了一片小杂货店，赢利甚微，后来从事长途贩运，终于成为拥有巨资的大富商。资本富厚的徽商则跨业经营，歙人潘仕，在江淮一带从事盐业，在南京经营典当业，在浙江经营粮食，在苏州则从事布匹经营。

注意商品市场的选择，也是徽商追求利润的手段之一。歙商吴良儒先是在吴淞江从事布业起家，后来觉布业利润不如盐业，于是携资迁往浙江从事浙盐的经营，不久成为浙盐商总。但他仍不满足，觉得浙盐的行销范围太窄，不如扬州，于是又携巨资到扬州经营淮盐。程澧因苏州盛产棉花，便在苏州经营布业；扬州为盐业中心，便经营盐业；徽州本地贫瘠，则开典当。

一旦某业不景气，或某业呈上升趋势，徽商也非常注意调整自己的经营方向。清末，由于上海口岸的兴起，茶业呈现欣欣向荣的局面。于是经营其他行业的徽商，纷纷转行经营茶业。婺源商人金烈光开始在苏州、常州经营木业，见茶业行情看涨，便往上海、武汉等地从事茶业；吴炳阳 15 岁当学徒，学的是典当行，但清末典当行已没有茶业出口的利润大，于是改业茶，并获得成功。木业和典业都是利润颇丰的行业，但由于清末连年兵燹，木业衰退，典业亦因外国金融业的侵入而受到影响。徽商由木、典改业茶，既反映了徽商在整体上的衰落，又体现了以利润为目的的经济观念。

三、注重总结从商经验和职业培训

在总结商业经验方面，徽商自编自刻了不少商用图书。清末休宁渠口商人（佚名）撰《江湖绘图路程》，并附自编七字韵行路歌诀二首及《士商规略》《士商十要》《诸神风暴日期》《钱塘潮汛时刻》各一则。其中《士商规略》中有一段关于经商经营的总结，最能反映徽商的经营之道。书

中总结了时令节气对经营的影响，提出如何把握经营时机，对市场商品的贵贱、高低、涨落动态进行了辩证论述，而且涉及商品存放、待客态度等各个方面。徽商自编自刻的其他商用图书还有《珠谱》《各物出产》《商程一览》《水陆路程宝货辨疑》《士商类要》《天下路程图引》等。

徽商子弟正式经商之前，一般都要跟随长辈见习一段时间，以熟悉商情。用现在的话来说，就是注重岗前培训。休宁人程珽，14岁便跟随舅舅在浙江经商，积累经营经验。非商家子弟，尤其是贫寒之家子弟，经商前则必须经过一段学徒生涯。黟县《桃源俗语劝世词》中有一段就是对徽商学徒的劝导："朝早起，夜迟眠，忍心耐守做几年，嬉戏供鸟一切事，都要丢在那傍边……放出功夫擂柜台，店官果然武艺好，老板自然看出来。看出来，将你招，超升管事赏钱财，吾纵无心求宝贵，宝贵自然带人来。"

四、灵活多变、行之有效的经商手段

在长期的经商实践中，徽商练就了一套灵活多变、行之有效的经营手段，使其在激烈的竞争中立于不败之地。

取信消费者。徽商非常注意消费者心理，讲究商业信誉，以达到树立形象的目的。所谓"以诚待人""以信接物""以义为利"，几乎成为大多数徽商立身行事的指南。明代休宁人程莹，在湖州双林市经商，不投机取巧，也不因为一些蝇头小利与人结怨，公平贸易。大家都服膺程莹的才干和诚信，都到他的店里来购物，程莹由此致富。歙商鲍雯在浙江经营盐业，从不使用一般商人的小心眼、小机巧，唯以诚待人，别人也不欺骗他，久而久之，生意愈做愈大。以"诚""信""义"的面貌出现，容易争取消费者，多多售出自己的商品，这就是"业益裕"的诀窍。

薄利多销。徽商孙从理在吴兴县经营典当业，取息仅一分。由于息低，顾客盈门。薄利经销在徽商中，不是个别现象，而是一种普遍的经营方式。《休宁县志·风俗》就指出，徽商"居贾则息微"。薄利促进多销，利润自然滚滚而来。

抓市场信息。信息就是金钱，这是现代的概念。但早在400年前，徽商就已经懂得了其中道理。万历《休宁县志》记载的徽商"视时丰歉以计屈伸"，指的就是抓市场信息。明代歙商阮弼，在芜湖从事纸业的销售，见顾客都喜欢彩色纸，掌握到这一信息后，决定自己设坊染纸，不让染坊分利，于是在芜湖设3个染坊，招工人染纸。由于省去了运输费和染费，利润成倍增长。各地的消费者也纷纷来芜湖采购。于是在又江苏、浙江、湖南、湖北、山东、河北、河南等地各大城市设立染坊和纸店，生意兴隆。阮弼不仅因擅于捕捉市场信息获得高额利润，还把自己的产品推向了全国各大市场。

宣传推销。徽商十分注重商品的宣传推销，竞争最激烈的莫过于墨商。明万历十七年（1589）至万历四十六年

（1618），墨商方于鲁刻《墨谱》、程大约刻《墨苑》、潘氏如皋馆刻《潘氏墨谱》、方瑞生刻《墨海》等。到了清代，又有曹素功的《墨林》、汪近圣的《墨薮》。他们在自己所刻的书中，不仅以文图并茂的形式介绍自己的产品，还收录了大量的名人题赞，扩大产品影响，打开销路。清同治年间在杭州经营"胡庆余堂国药号"的胡雪岩，在宣传推销方面，更是匠心独运。他雇人穿着"胡庆余堂"字号马甲，伫立杭城水陆码头、街巷，施药治病。一时声誉大振，成为与北京"同仁堂"并称的南北药业两巨头。

第六章

徽州教育与科举的勃兴

徽州教育极为发达，宋以后，徽州除设府学、县学和书院外，还设立了大量的社学和塾学，以教乡里子弟。各族还设有族学，免费为族内贫寒子弟提供教育。重视教育，蔚然成风。"十家之村，不废诵读"这句话正是当时徽州教育状况的真实写照。徽州教育兴盛，培养了一大批人才，或科举入仕，或经商发财，或手艺精湛，提高了徽州人的整体素质。尤其科举鼎盛，出现"兄弟九进士、四尚书者，一榜十九进士者""一科同郡两元者""同胞翰林"等科举盛况。

第一节　唐至元代徽州教育的兴起

徽州教育始于隋唐时期，州学在歙城东北隅。隋朝，谢杰任歙州教职，由会稽迁歙县中鹄乡，后迁居地被命名为谢村。唐代州学课目除经学外，还设有律、书、算三学。州设经学博士一人，经学助教一人；医学博士一人，医学助教一人；各县均设置经学博士、助教各一人。开元二十六年（738），朝廷又诏令各州县，每乡都要设学校，择聘师资教授。这种乡学，相当于后来的村塾义馆（义学）。

唐代的科举选官途径主要有3种，即生徒、乡贡和制举。其中地方各州县学馆的学生，皆为生徒，经学校考试合格后，便可直接参加朝廷于尚书省举行的科举考试。唐代徽州的进士有吴少微、吴巩、程谏、胡学、黄益逊、汪极、黄叔宏、王希羽。

南唐的教育体系仿自唐朝，弘治《徽州府志》记载："本府在唐，郡县皆置学，故前志载州之庙学自唐及宋在城东北隅是已。"太平兴国三年（978），知州苏德祥迁州学于罗城东门内街乌聊山上，景德三年（1006）曾经修葺。由于乌聊山山高地狭，嘉祐四年（1059）将州学迁到城南门内。熙宁四年（1071），又因为城南门内靠近炼江边上，地势低洼，每当洪水季节，常常遭水淹，又将州学迁回乌聊山。元祐初，再次将州学迁回城南门内。绍圣二年（1095），州学迁城东北隅。宣和二年（1120），方腊起义，州学被焚毁。南宋绍兴十一年（1141），知州汪藻按"左庙右学"的规制复建州学。

除州学外，6县县学也相继设立。歙县县学建于南唐保大八年（950），学址在县南。宋初，因歙县是州治所在地，县学附于州学，不另立。黟县在宋初就有学。祁门县学建于端拱年间，知县张式建。婺源县学原来在县城西，休宁县学原在县城南一里。庆历四年（1044），诏令建学时，均在县城东重建。绩溪县学也建于此时。南宋时期，徽州官学生徒人数众多。绍兴初年，休宁县尉陈之茂学识渊博，精通经史，文章也写得很好，经常在县学讲学。县里的士子纷纷前往听讲求学，县学讲堂人满为患，很多学子只好站在讲堂外面听课。休宁如此，其他各县县学生徒可想而知。

书院是中国封建社会特有的教育组织形式，书院数量的多少成为衡量一个地区教育程度和学术发展水平的标志之一。北宋徽州官学教育兴起之时，书院也同样建立起来。北宋时期，徽州建有4所书院，绩溪县、婺源县各2所。民国《明经胡氏龙井派宗谱》记载，北宋开宝八年（975），绩溪县令胡延进曾经将自己的儿子胡忠送到龙井开蒙读书，可见当时龙井的教育风气浓郁，教育水平也很不错。景德四年（1007），胡忠留恋早年学习过的地方，携家眷从浙江建德迁居龙川，在村中办起桂枝书院，以"兴一乡儒学，育一族之英"为宗旨，聚集当地名贤共同研讨儒家经典，为胡氏宗族培养人才。桂枝书院也成为徽州最早的书院。

徽州书院教育在南宋得到较快发展，新建书院 14 所，加上北宋时期的 4 所，共有 18 所书院。按照《中国古代书院发展史》的统计，宋代全国书院总数约 400 所，徽州 18 所占全国总数的 4.5%，处于全国领先地位。南宋徽州新建的 14 所书院分别为：紫阳书院（属州直辖），西畴书院、秘阁书院、灵山精舍、友山藏书楼（以上属歙县），西山书院、秀山书院、竹洲书院（以上属休宁县），万山书院、醉经堂、山屋书院、心远书院（以上属婺源县），槐溪书院、云庄书堂（以上属绩溪县）。

蒙学教育是徽州教育最具特色的一个方面，宋代官办小学设置的同时，徽州出现了一系列私家创办的蒙学教育机构，如家学、塾馆、塾学、家塾、义学、义塾等。从教育和受教育两方面来看，这些私家创办的蒙学教育机构可以分为 3 种类型：一种是由家长对子弟实施的教育，称之为家学。如婺源县胡绍，从小就很爱学习。嘉祐年间，著名学者林希担任歙州的考试官，推荐胡绍的文章为第一。礼部尚书品鉴各州推荐上来的文章，又以胡绍的文章为第一，后任剡州主簿。晚年在家教育 3 个儿子胡伸、胡伟、胡伋，胡伸、胡伋同时考中绍圣四年（1097）进士。绩溪县胡咸，熙宁、元丰年间在太学讲学十多年，后来与教官不和，称病回乡。在家中督促、教授子弟读书，不数年，他的儿子舜陟、舜举相继考中进士。第二种是延师设馆教育子弟，称之为塾馆、塾学、私塾、家塾等。第三种是由"好义"人士创办，延师教育贫寒的宗族及乡里子弟，称之为义学、义塾。

元代蒙古族统治，不重视教育，一度取消科举，全国教育处于低潮。但徽州士民对教育非常热心。至元二十八年（1291），休宁人朱震雷私人出资，重修学宫。至顺年间，祁门县尹张希浚、刘炳、王琛、徐忽都不花等先后重修县学。元贞元年（1295），黟县尹刘德，重建县学两庑，邑人增置学田。由宋入元，科举的中止，迫使大量读书人另谋出路，改变了社会人才流动的方向，很多儒生转向讲学教书为业。同时，朝廷也鼓励民间设立书院，促进了季徽州的书院与塾馆的繁荣。元代徽州先后新建 25 所书院，蒙学教育也极为繁荣。元初，休宁名儒陈栎《定宇集》记述其所居陈村的读书情况时写道："读书者比屋，各家之老遇风月良宵，杯酒向叙。饮罢，步街上听子弟弦诵声，自村首至尾，声东西相震，是以快惬为乐事。每岁秋赋，终场可读之卷几七十。"这是休宁陈村一个地方的情况，而陈村在徽州并算不上是一个文风鼎盛的村落，赵汸《商山书院学田记》对元代徽州的读书情景有一句典型的话："自井邑田野，以至于远山深谷民居之处，莫不有学、有师、有书史之藏。"后来《婺源县志》将这句话归纳成"十家之村，不废诵读"。由此可见元代徽州蒙学的发达。

义学通常认为起源于宋代，冀霖《义学记》记载："义学始于宋，若衡阳侯氏、建昌洪氏、婺源王氏、莆田林氏。而范文正公特建于姑苏之太平山，立斋庙、祀孔子，由是兴起，四方学者归焉。"可见北宋徽州就有义学的存在。赵汸在《商山书院学田记》中认为，徽州被称为"东南邹鲁"，时间在北宋的政和、宣和年间。婺源汪绍建"四友堂"，接待四方的学者。他的儿子汪存遂则以"明经"教授学生，被称为"四友先生"。当时的一些名士如金安节、胡伸等都是出自"四友先生"的门下。

宋元时期，一大批理学名儒热心坐馆教学。婺源滕洙是著名的新安理学家，屡试科举不第，于是在家"独教诸子为学"；歙县方回从 5 岁开始就和其他兄弟、堂兄弟一起，受教于其叔父方瑑。在名儒硕士热心训蒙的同时，"择师教子"在徽州形成风气。这种风气作为一种传统，一直延续到明清时期。

第二节　明清时期徽州教育的兴盛

明代，因元末战乱被毁的徽州地方官学陆续得到重建或扩建，其他各县县学也是如此。到了明中后期，徽州的官学教育机构已经呈现出"美奂美轮、壮伟闳丽"之态。

即便如此，徽属各县县学重修、扩建的步伐仍旧没有停止。如歙县县学于嘉靖四十四年（1565）重修了先师及四配十哲像，天启年间重修了两庑，崇祯四年（1631）修缮了圣庙；休宁县学在明初重建以后，到了万历年间，又继续扩建，学宫建筑在当时被称为"钜丽甲于他邑"；嘉靖九年（1530），婺源知县曾忭觉得县学旧址太小，于是用荒废的寺庙地产换取县学附近的民房，扩大县学规模，前开官道，外立照墙，东西长达 12 丈多，并在县学门口建"腾蛟起凤"牌坊；万历六年（1578），祁门知县姚三让捐出自己的俸银重建明伦堂，天启六年（1626），知县朱大雅、教谕邱禾嘉又重修文庙。明朝规定科举必须从学校层层选拔考试产生，从而形成了学校以科举考试为目的的教育局面。官学不仅成为"储才以应科目"之地，而且县学的招生考试童试，也成了科举考试阶梯中的最初一级。官学成为科举的附庸，使官学教育遂完全围绕应举入仕而展开，失去了其应有的教育功能。这时的徽州官学也不可避免地走上了科举化的道路。

在官学继续发展的同时，书院得益于心学流布所激起的讲会之风的推动，呈现出了一派欣欣向荣之景，学术风气活跃。心学通过占据徽州书院讲坛而逐渐取代朱子学成为徽州学术思想的主流。讲会对弥补官学教育的呆板与僵化、对活跃学术空气，甚至对化民成俗都产生了非常重要的作用。正是由于心学流布的推动，明中后期徽州书院获得了较大的发展，相继新建和重建了歙县天都书院，休宁还古书院、明善书院、海阳书院，婺源富教堂、紫阳书院，祁门明德书院、山雾书院、东山书院，黟县中天书院、淋沥书院、石丈斋、鹿苹书馆。

　　洪武八年（1375），徽州 6 县共设立社学 462 所，其中歙县 112 所、休宁 140 所、婺源 140 所、祁门 27 所、黟县 13 所、绩溪 30 所。书院持续发展，明代安徽地区共建有书院 139 所，其中徽州多达 49 所，占到了全省总数的约 35.25％，遥遥领先于安徽其他各地。明代中后期，由于社学并非免费的教育机构，且官吏借兴办社学之名对人民进行敲诈勒索的情况不可能杜绝，嘉靖以后徽州的社学便开始逐步走向衰败了。据康熙《徽州府志》载：经洪武十三年（1380）革罢社学，天顺七年（1463）以后，社学渐废。如休宁县洪武八年（1375）建有社学 140 所；弘治初年，各乡还保留有 1 所社学，而到万历时，社学则仅存 6 所。祁门县洪武八年（1375）有社学 27 所，到万历时也仅存 2 所。但随着徽商财力的扩大，明中后期徽州出现了大量民间自行创办的义学和塾学机构。义学、塾学，又称义塾、义馆、私塾、塾馆、书塾等，是为孤寒子弟而设立的教育机构，不仅不收束修，而且提供膏火之费。如休宁商山人吴继良，曾建义屋数百楹、买义田百亩，建明善书院、设义塾。

　　清朝以少数民族入主中原统治天下，面对文化和人口数量上都远胜于自己的汉族民众，统治者从开国之初便意识到武力刑法只能稳定局势于一时，而不能长治久安于万世。要使人口众多的汉族臣服，就必须借助儒学伦常纲纪，立教明伦，大兴教化。康熙皇帝便提出以"以教化为先"。为了贯彻"教化为先"，清朝入关后旋即恢复了明朝旧制，重开科举，重建官学。徽州的官学教育在中央政策的影响下，获得了新的发展。康熙三年（1664）、康熙十二年（1673）、康熙五十四年（1715）、雍正三年（1725）、雍正十年（1732），徽州府学先后得到修缮，并增加了学田。

在官学教育经费保障上，徽商起到了很大的作用。嘉庆十二年（1807），歙县盐商鲍漱芳重修府学学宫，其用去白银多达14000余两；嘉庆十六年（1811），鲍漱芳之子鲍均又捐巨资重建府学尊经阁及教授、训导两衙署；嘉庆十九年（1814），鲍均再次呈请重修学宫，除了大成殿，其他建筑都修葺一新，道光《徽州府志》称"向来重修学宫未有若斯之美盛也"。乾隆五十五年（1790）时，两淮歙县商人捐资重建歙县县学；邑人曹文埴、鲍志道、程光国等谋划并出资重建古紫阳书院。嘉庆二年（1797），休宁商人汪秩、汪秾、汪谷、汪瑗等又捐赀重建休宁县学明伦堂；嘉庆五年（1800），徽商刘启伦、程昌龄、程濂、丁俊、汪阎等再倡同合邑绅商重建休宁县学大成殿。婺源县学的兴修也得益于程文述等商人。

在加强教育的同时，清朝统治者还大力倡导程朱理学。借朝廷倡导之东风，清初新安理学家杨泗祥等，重振徽州的朱子之学，夺回被王、湛心学控制的徽州书院讲坛。他

们一方面致力于书院讲学，另一方面为书院讲会立规定约，从制度上保证程朱理学在书院讲会中的独尊地位。书院以紫阳为宗，因此紫阳书院讲会规约亦为徽州其他书院所遵从。施璜等又为在明中后期宣传阳明心学最有力的休宁还古书院"一本紫阳会规遗意"制订了《还古会约》《还古会仪》等。通过这些新安理学家的不懈努力，清初徽州书院春秋集讲，均以尊孔宗朱为宗旨，明中后期以来心学长期占据徽州书院讲堂的局面不复存在。

乾隆以后，课艺、应举也成为书院的最主要教学活动，书院特有的讲学与研究风气几乎不存。祁门东山书院规定："每月生童大课，请邑尊亲临考棚，点名局门考试，邑尊公出请二位监院轮期代理，永以为例。生监订于每月初二、初三日开课，童生订于每月十六、十七日开课……每课限申刻交卷，不准给烛，违者概不送阅；在院生童小课，订定每月初八日、二十四日为期，逾期毋得续补。"歙县古紫阳书院也实行"会艺"制度。与全国大多数举业书院不同的是，徽州书院并未完全变成"猎取科名"的场所，而是在课举子业的同时，仍然坚守着传统的讲会制度，将讲会与课艺统　于书院的教学活动之中。《还古书院志·会纪》记载，直到乾隆年间徽州书院仍在实行春秋讲会制度。徽州书院这种讲会与课艺并行、学术与功利并举的多元化发展路径，无疑既提高了自身的生存能力，也提高了徽州学子的学术水平，还满足了徽州学子应举入仕的现实需要，可谓一举多得！

　　清代，义学、塾学取代社学，成为徽州蒙学教育的主体，为徽州的贫寒子弟提供了与富裕子弟同等的接受教育的机会。清代徽州的义学、塾学已有了明确的层次之分：以教授初学儿童识字、句读、背诵的称蒙学或蒙馆；以教授具有一定文化积累的士子经解、经义、作八股文的叫经馆。徽州的宗族大都同时设有这两类塾学，蒙学或蒙馆的塾师称"蒙师"或"句读师""童子师"，经馆的塾师则称"经师"。康熙十二年（1673），歙县人施璜等发起创立以塾师为主体的塾讲组织——塾师培训制度，制定《塾讲规约》，订立《塾讲事宜》。塾讲制度的创立不仅表明了徽州人对塾师素质的高度重视，也说明了当时塾师人数之多，已经形成了一个特定的社会群体。

　　清中叶，徽商对家乡的义学、塾学等蒙学教育也给予了前所未有的大力支持。如歙县商人洪世沧，为宗祠捐资 2000 金，用其利息设置了 2 所义塾；吴之骏，购置义田数千亩，不仅用来救济族中的贫困人士，对于无力延师的宗族子弟，也设义塾以教。义学、塾学的广泛设置，使当时徽州塾师的从业人数大为增加。如民国《重修婺源县志·风俗》记载："士多食贫，不得已为里塾师，资束修自给，至馆百里外不惮劳。"这虽说是因生活所迫而为塾师，但从另一方面却透露出社会对塾师的需求。乾隆年间，歙县许氏宗族给本族蒙学塾师的待遇是每年束修 24 两银子；经学塾师每年束修 36 两银子。在民国《重修婺源县志》中以塾师束修赡养家庭、孝养父母的例子就非常多。如吴梅玉"授徒四方以养亲";程林"授生徒以养母";查光里的父亲"开塾授徒,凡贫寒子弟请父勿计束修,并隐以微资助之。处境虽困而养亲必丰";金时勋"授徒家塾,藉修脯以养亲";等等。除义学、塾学等外,徽州还存在有大量由民间自行创办的书屋。书屋亦称书舍、书室、书堂、书斋、别墅,聘有专职教师进行经常性的教学活动,属于塾学和义学性质。

第三节　徽州科举的鼎盛

中国古代教育往往为科举服务。南唐初期,实行选拔制,政权稳定后,选拔制度被成熟的科举制度所取代。北宋开始,经学、教育和科举三位一体紧密结合,将教育的功能简单地与仕途相联系,使教育成为科举培养人才的过程,沦为科举附庸,通过科举入仕也成为读书人的唯一出路。而通过科举跃入龙门,以光大门楣,重现世家人族昔日的光辉,也成了徽州士人孜孜以求的目标。

五代时期,徽州考中进士的有 6 人:胡昌翼、王震、舒雅、查陶、吕文仲、吴逸。北宋徽州的进士人数,共有 247 人。其中婺源县最多,96 人。其他依次为歙县 47 人,黟县 38 人,祁门县 26 人,绩溪县 19 人,休宁县 16 人,县份不明 5 人。从进士分布的县域来看，婺源最多，歙县次之。婺源籍进士在徽属 6 县中最多，与婺源独特的地理位置、经济发达、文风昌盛关联密切。婺源地处连接徽州和江西的要冲之地，是唐末、五代、北宋时期茶叶生产重要集散地。经济发达以后，人们将一部分资金投入教育，资助子弟从学，为婺源士子顺利登第提供了一定的经济基础。从进士姓氏分布来看，以汪、胡、俞、孙 4 姓为最多，而且在一段时期内，一些特殊的家庭接连不断地出进士。

南宋时期，随着教育事业的快速发展，科举中也出现人才辈出的盛况。南宋初年，仅休宁一县，每次应乡贡者超过 800 人。而整个徽州士子则不下 2000 人。这些带着父辈、宗族殷切期望的徽州士子，夜以继日，苦读寒窗，走出大山，与全国各地的英俊人才竞争，往往高中，为家乡获得荣誉。南宋时期，徽州共出进士 536 名，比北宋多出一倍有余。分县为：婺源县 193 名，休宁县 138 名，歙县 83 名，黟县 48 名，祁门县 52 名，绩溪县 14 名，县份不明 8 名。从进士人数的县域分布来看，婺源和休宁县进士人数最多，与北宋相比增幅也最大，这与两县受朱熹思想影响较大有一定关系。朱熹回徽州省墓、讲学，婺源和休宁县的及门弟子最多，在后人论定的朱熹在徽州的 12 名高弟子中，婺源和休宁县就占了 9 名。在朱熹这些及门弟子和再传弟子的影响下，婺源县和休宁县的教育和文风在南宋时

相对较盛。而教育和文风，无疑是科举业繁荣的先决条件。

明代是科举制度发展的成熟期，科举与学校、仕宦与科举的关系在明代尤为密切，官学教育开始完全围绕应举入仕而展开。既然科举及第以进入仕途是绝大多数知识分子的人生目标，因此地方士子的及第人数尤其是进士人数的多寡就成为衡量一个地区教育发展水平和文化水准高低的重要标准。根据《明清进士题名碑录索引》和光绪《重修安徽通志》，明代徽州各县进士见下表所列：

明代徽州各县进士数一览表

县名	歙县	休宁	婺源	祁门	黟县	绩溪	合计
《明清进士题名碑录索引》所载进士数	163	59	90	47	11	18	388
光绪《重修安徽通志》所载进士数	181	61	92	47	13	17	411

两种文献所载徽州进士数分别为 388 人、411 人，而与此同时两书所载明代安徽进士总数则分别为 1307 人、1361 人。无论哪种统计，徽州进士数都占到了全省的约 3 成，其数量之多、比例之高，是相当惊人的。

到了清代，根据范金民《明清江南进士数量、地域分布及其特色分析》一文统计，清代全国文进士总数为 26815 人。另外，根据光绪《重修安徽通志》与《明清进士题名碑录索引》，以及安徽的地方志等文献资料，对清代安徽及徽州各县的进士数量进行统计和考证，得出清代安徽文进士总数为 1634 人，而徽州一府就多达 684 人，占到了有清一代全国文进士总数的约 2.55％，安徽文进士总数的约 41.86％。清代徽州科第之盛可见一斑。

特别令人称道的是，清代徽州进士不但数量多，且层次高。仅以状元为例，据宋元强的统计，清代在 258 年间共行 112 科，除顺治九年（1652）、顺治十二年（1655）满汉分榜会试，各得状元 2 人，余均满汉合榜，取中状元 114 人。如果不计 2 个满状元，共有状元 112 人。而在这 112 名状元中，徽州本籍和寄籍状元就有 19 名，占约 17％，其具体情况见下表所列：

清代徽州状元科举占籍分布表

属籍	原籍				江苏								浙江				江西	天长
姓名	黄轩	金榜	吴锡龄	洪大莹	徐元文	戴有祺	汪应铨	毕沅	潘世恩	吴信中	洪钧	黄思永	金德瑛	汪如洋	王以衔	戴衢亨	汪鸣相	戴兰芬
科别	乾隆辛卯科	乾隆壬辰科	乾隆乙未科	嘉庆乙巳科	顺治乙亥科	康熙辛未科	康熙庚戌科	乾隆庚戌科	乾隆癸丑科	嘉庆戊辰科	同治戊辰科	光绪庚辰科	乾隆丙辰科	乾隆庚子科	乾隆乙卯科	乾隆戊戌科	道光癸巳科	道光壬午科

（资料来源：宋元强《清朝的状元》，吉林文史出版社，1992 年，第 136 页。）

　　以府计，清代苏州府状元最多（不包括太仓州），有24人，如果去掉其中6名具有徽州籍的状元，苏州府实有状元18人，比徽州府尚少1人。而这19名状元中，除徐元文为顺治乙亥科、洪钧为同治戊辰科、黄思永为光绪庚辰科外，其余均在清中叶，4名徽州原籍状元更都是清中叶状元。其实就整个清代徽州进士而言也是如此，主要集中在清中叶。因此我们可以说，清中叶不仅是徽州教育的兴盛期，也是徽州科第的鼎盛期。

　　由于"科名最盛"，清代徽州有"连科三殿撰，十里四翰林"之说，所谓"三殿撰"即是指乾隆三十六年辛卯科状元休宁人黄轩、乾隆三十七年壬辰科状元歙县人金榜、乾隆四十年乙未科状元休宁人吴锡龄。还有如"兄弟九进士、四尚书者，一榜十九进士者""一科同郡两元者""同胞翰林"等说法。

第四节　近代徽州教育的革新

　　清末，时代革新的潮流滚滚向前，要求废除科举制度，兴办新式学堂的呼声不断。光绪二十六年（1900），歙县基督教堂在城内创办崇一学堂，迈开徽州兴办新式学堂的第一步。传教士唐进贤自任堂长，教授国文、英语、数学等课程。次年，清政府实行新政，废除科举制度，兴办新式学堂。在新政的推动下，徽州各县开始设立新式学堂。徽州以光绪二十九年（1903）创办的婺源官立高等小学堂为最早。至宣统三年（1911），歙县有新式学堂39所，绩溪有23所，黟县有22所，休宁有20所，祁门有3所，婺源有26所。在新式小学中，也有女子学校。光绪三十一年（1905），许承尧在私立敬宗两等小学堂内创建端则女校，开女子新学先河。次年，黟县黄杏仙在西递村创办私立崇德女校，所授教材有《女子尺牍》《孝女经》《列女传》，而后女校又改为西递女子学校，课程也随之改为国文、常识、珠算、书法和刺绣工艺。

中学转型与小学同步，徽州中学堂的设立始于光绪三十年（1904），以古紫阳书院为堂址，次年四月正式开学，校名徽州府官立新安中学堂，许承尧出任监督。新安中学堂附设师范科，开安徽省师范教育先河。1914年7月，新安中学堂改名为安徽省立第三中学校。

在西方近代科技和工业革命的影响下，实业救国成为当时颇为流行的论调，培养近代农林、商业、工业人才，是教育转型过程中的重要一环。师范教育可以视为近代职业教育的一个方面。徽州府紫阳师范学堂是新安江流域创办最早的中等师范学校。光绪三十一年（1905），新安中学堂专门开办师范科，以年龄稍长、文理清通的学生入师范科，并附设师范传习所。次年，师范科单设为徽州府紫阳师范学堂。民国元年（1912），紫阳师范学堂并入新安中学堂。除紫阳师范学堂外，还办有歙县岔口双溪师范。

1913 年，绩溪人胡晋接受命筹建安徽省立第五师范学校并任校长。次年，省立第五师范学校改名为省立第二师范学校，胡晋接继续担任校长。在政局多变、教育拨款极不稳定的情况下，胡晋接提倡自力更生，勤俭办学。几经努力，校址 3 次迁徙，开始设歙县问政山麓的紫阳书院，后迁屯溪荷花池，最后选定休宁万安亥山麓的新棠村（即今休宁中学）。在胡晋接的努力下，学校规模不断扩大，1923 年，学校拥有校舍 500 多间，图书馆藏书 15400 册，科学实验馆有仪器 570 件、模型 100 多件。学校依山傍水、郁郁葱葱，教学、实验和生活全面走上了正轨，成为安徽省中等学校行列中的佼佼者。其使二师成为培养徽属各县师资的基地和教育指导中心，并为高校输送了一批人才，被誉为徽州学府。

清光绪三十四年（1908），戴英在休宁县隆阜珠里创办徽州近代第一所职业学校——休宁初等农业学堂，开设蚕业科，招有学生十余人。民国元年（1912），该校停办。宣统二年（1910），在屯溪经营的歙县大茶商吴俊德捐巨资兴建校舍，创办徽州农业学堂，以蚕桑为主科。第二年，再扩增中等农科 2 班。民国元年（1912），由于学校经费锐减，中等农科学生毕业后，该校专办初等农科及附属小学。不久，根据徽州人多经商的特点，改为商科，校名为徽州乙种商业学校。1929 年再改为徽属茶钱两商公立小学，以后又改为茶商小学，成为一所普通小学。该校作为初级职业学校，从宣统二年（1910）到 1929 年，先后办了 19 年。

民国五年（1916），安徽省实业厅在屯溪高枧建立省立第一茶务讲习所，俞燮出任首任所长，次年正式开学，研究种植、制造、装置、发售各种方法。

徽州地区素有经商传统，传统的商业教育，通常在启蒙教育就开始进行。汪道昆《太函集》就曾指出："休、歙右贾左儒，直以九章当六籍。""命之贾，则先筹算。"清中叶著名的歙县盐商鲍志道，14 岁就离家到鄱阳商铺去当学徒学会计。另一位歙县大商人、大藏书家鲍廷博同样是先学会计，然后再以冶坊为业。在实业救国影响下，新式商业学校开始出现，最早是 1916 年，由徽州茶商公立初等农业学堂改建成徽州私立乙种商业学校。私立乙种商业学校招收小学毕业生，学制 3 年。因商校招生并不景气，1924年，改办为徽属初级中学。1917 年，徽籍 6 县省议会议员及商界人士发起以古紫阳书院款为基金，创办公立甲种商业学校，初借阳湖乙种商校地址，后迁屯溪栗树园。这是徽州第一所中等商业学校。1929 年，新安公立甲种商业学校易名为新安公立中等职业学校，校址也从屯溪栗树园迁高枧。

第七章
徽州艺术的异彩

徽州原始土著居民就有卓越的艺术才能，能歌善舞。中原世家大族迁入徽州，促进了中原文化与当地越文化的交流融合。艺术也犹如百花齐放，交相辉映，焕发奇光异彩。徽州艺术种类丰富，包括书法、篆刻、绘画、戏曲、音乐、舞蹈、雕刻和传统工艺等，异彩纷呈，绚丽多姿，其中尤以徽剧、新安画派、徽派版画、徽派篆刻最为突出。

第一节　徽剧乃京剧之母

徽剧的起源可以追溯到远古的傩舞和目连戏，傩戏的面具成为徽剧脸谱的来源，目连戏的武功杂耍表演方式也被徽剧所吸收。

中国戏剧的繁荣，同声腔的广泛流传和发展分不开。明正德、嘉靖时期，余姚、海盐、弋阳、昆山四大声腔相继流入徽州。尤其弋阳腔用金鼓铙钹按节拍，用人帮腔，贴近普通老百姓而受到徽州民众的广泛欢迎。为了使弋阳腔的唱法更贴合徽州村镇平民百姓的喜好，徽州艺人在演出时杂入土语，并在剧本中增加大量解释性字句，连唱带说，通俗易懂，扩大和增强了原作表现生活的能力。这种保持徽州语音声调，吸收弋阳腔特点，增加"道白"（或称"滚"）所创造出来的新戏声腔，时称"徽调"或"徽州腔"，成为徽剧声腔特色。

当徽州腔在徽州本地流行之时，一些流寓在外的徽商却喜以听昆腔为时尚，甚至专门蓄养家班唱昆调。这些演唱昆腔的徽商家班，随着主人回到徽州演出，也把昆腔带到徽州。徽州腔同昆腔的交流，使徽调有了新的创造，使腔调变得柔缓平稳，颇有"四平八稳"之感，故徽州艺人称之为"四平腔"，后又形成昆弋腔。由于四平腔或昆弋腔雅俗共赏，在当时民间影响很大，迅速从徽州向四邻流传。当昆弋腔传到安庆、枞阳、桐城、石牌（今怀宁）一带时，与大量南来的秦腔相汇，两者互相影响，产生了另一种新的腔调，即"吹腔"。相反秦腔受昆弋腔的影响，则演变成"拨子"。后来在"拨子"的基础上，徽班艺人又创造了一种新腔叫"二黄腔"，并随后演变成二黄平板、老二黄、正二黄、反二黄四种腔调，形成比较完整的徽剧声腔体系。

清康熙、乾隆时期，是徽剧发展的黄金时期。在当时东南经济和文化中心扬州，徽州盐商拥资巨万，竞尚奢丽，鼓乐笙歌，终年不断。蓄养戏班成为徽商摆阔气、讲排场、迎来送往的需要。《扬州画舫录》的记载，仅乾隆年间，扬州就有江春的德音班、春台班，徐尚志老徐班，黄德、汪启源、程谦德等众多的家班。徽班占据扬州戏坛以后，兼收并蓄，博采众长，四方招聘名角加入，先后吸纳秦腔、吹腔、高拨子、梆子腔、罗罗腔等声腔艺术和剧本优点，形成以徽调为主，融合众长，唱、念、做、打、舞并重的完美剧种。

人们在欣赏戏剧的时候，不仅仅是听演员唱，更多的还是要看如何表演。这就涉及舞台表演艺术，徽剧的舞台表演艺术也非常出色。最显著的表现是对武功的重视，一般徽班演出，都必须安排一出重头武戏压台，如《英雄义》《恶虎村》《八达岭》《八阵图》之类。正规班社的武生翻、打、扑、跌、刀、枪、棍、棒功夫都非常精湛。尤其高台武功更为惊险、刺激，据说在《英雄义》中饰演史文恭的演员一般要翻 3 张桌子，最好的要翻 7 张桌子。

杂耍功夫在徽剧中也体现得颇为精妙，如耍扇子、耍念珠、耍辫子、耍翎子、跳加官、跳财神、跳僵尸、跳魁星等，有"十耍""十跳""变脸""变衣"等数十种特技和绝技。在《双下山》一剧中，小和尚出场的"耍念珠"，能耍出各种花样，时而抛向空中又回落到原处，时而绕手绕膝旋转，又反身套在颈上，活脱脱表现出小和尚逃出寺庙，在大自然中游乐的欢悦心情。这些武戏和杂耍极具观赏性，是徽剧受大众欢迎的一个重要方面。

舞台美术是徽剧优于其他剧种的又一个方面，这与徽商的财大气粗有关。徽剧行头服饰富丽堂皇，角色行当样样俱全。一台戏，演员动辄数十人、上百人，生、旦、净、末、丑全部亮相，有三十六顶网巾（指扎头盔的角色）、三十六幅会面（戴胡须的角色）、十蟒（穿蟒袍）、十靠（扎靠旗）、八大红袍（穿红袍），而且载歌载舞，声势浩大，体现了徽商讲究排场、务求华丽的特点。

故事是戏剧赖以存在的基础，离开了故事情节，完全意义上的戏剧也就不存在，所以一个剧种剧目的丰富与否，对这个剧种的影响是很大的。徽剧剧目十分丰富，据统计，徽剧共有传统剧目 1404 个，1950 年代初期收集到的手抄本就有 753 个。按题材分，三国戏有 130 多出，东周列国、水浒戏 80 多出，杨家将、岳飞传、飞龙传、隋唐戏 100 多出，三侠五义、征东征西、封神榜、西游记、彭公案、今古奇观等戏 200 多出，另有民间生活故事等类题材的戏 200 多出。这些剧目中，经常演出的大致有三四百出。代表性剧目有《七擒孟获》《八阵图》《八达岭》《水淹七军》《百花赠剑》《昭君出塞》《借靴》《出猎・回书》。

演员是戏剧的灵魂，离开了演员，再优秀的戏剧也不复存在。徽州籍演员，是徽剧中的一个弱项。著名徽剧演员大都不是徽州人，如对徽剧做出重要贡献的高朗亭、程长庚就是安庆人，这也是将徽剧当成"安徽剧"的一个误区。其实想通了，并没有什么奇怪。徽州是一个宗族社会，世家大族把演员当成低贱职业，不允许自己的子弟当演员，如若当了演员（古称"戏子"），是要被祠堂除名的。正因为如此，徽剧戏班也都是到徽州以外的地方去招聘演员，导致徽剧很少有著名徽州籍演员的状况。

徽剧的兴起，由于有徽商的财力作坚强后盾，在唱腔、表演艺术、舞台美术、造型艺术和剧目等各方面所取得的成就，都达到了一个无与伦比的高度，使其他剧种难以望其项背，名扬寰宇。京城的达贵官人也开始以一睹徽剧为幸事。徽剧兴盛的真正高潮，来自乾隆皇帝的推崇。

乾隆爱热闹，爱看戏，爱排场。他一生六下江南，都是由两淮盐商负责接待，自然这样的差事，大多落在了徽州盐商的身上。《扬州画舫录》记载，乾隆每次到扬州，从高桥开始至迎恩亭数十里，沿运河两岸由两淮 30 位总商分工派段，恭设香亭，奏乐演戏，迎接銮驾。届时，弹拉吹唱，笙歌高奏，锣鼓震天，人影翻动，热闹非凡。乾隆见此排场，自然高兴，但也觉得过于奢华，写了一首诗来描写自己的心情："夹岸排当实厌闹，殷勤难却众诚殚。却从耕织图前过，衣食攸关为喜看。"（嘉庆《重修扬州府志》卷三）

乾隆五十五年（1790），弘历 80 岁生日，浙江盐务大臣征集徽剧三庆班入都祝寿。寿期过后，三庆班便留在北京的戏园里演出，受到北京观众的热烈欢迎。随后四喜、启秀、霓翠、和春、春台等徽班也相继进入北京演出。不久就因为演出力量分散，六班并为四班，即三庆、四喜、和春、春台，这就是驰名当时北京城的四大徽班。

入乡随俗，徽剧既然到了京城，就得要适合京城人的口味。于是，徽班在演出过程中，为了迎合观众的需要，时常将二黄调同秦腔衍变而来的西皮调同台合奏，形成"皮黄"，最终产生京剧，完成了由徽剧向京剧的华丽转身。京剧不仅继承了徽剧的声腔，而且从剧目、脸谱到舞台表演艺术，乃至伴奏音乐，都秉承了徽剧的传统。因此，有人说"徽剧乃京剧之母。"

第二节　新安山水结晶的新安画派

新安大好山水为当地画家提供了很好的范本。元代，绩溪人程政以新安大好山水入画，成为新安山水画先声。歙县画家朱璟，大雪天独坐空山之巅，领悟大自然的美景。别人不理解，问他干什么，他回答说：我这是在将丘壑之美，装进我的胸中。

到了明嘉靖年间，休宁的丁瓒，开始用元代著名画家米友仁、倪瓒简洁清淡的笔法描绘新安山水。这种简洁的笔法，最容易于表现黄山石质岩体的层峦叠嶂，一直被明清徽州画家所继承，为新安画派的形成，奠定笔墨基础。丁瓒的儿子丁云鹏继承父亲的风格，所绘的山水画，用线描的手法绘出一系列绵延、光秃的山峰，峰头呈圆锥或平坦的形态，山腰云雾缠绕，松树也是黄山松的平枝或垂枝，生长于危岩峭壁之中。这些都是黄山特征的意象表现。稍后于丁云鹏的程嘉燧、李永昌都是以倪瓒为宗，笔墨清淡。

明末清初，是徽州山水画蓬勃发展的时期，涌现出一大批山水画家，他们纷纷以倪瓒为师，以新安大好山水为描绘对象，形成了一个画家阵营。根据崇祯九年（1636）歙县人罗周旦《古今画鉴》和清初《古今画鉴续》的记载，

当时徽州的山水画家有 126 人，体现了徽州山水画家创作阵营的雄厚实力。

最早称新安山水画家群体为"派"的，是龚贤。他在题山水卷的一段跋语中谈道："孟阳开天都一派。""孟阳"是程嘉燧的字，这里指的就是程嘉燧。天都，为天都峰，是黄山 72 峰中最为险峻雄奇、具有代表性的峰峦，人们常用"天都"指代黄山、新安。龚贤所称的"天都一派"就是后人所说的"新安画派"。清乾隆年间，张庚在《浦山论画》中又提出："新安自渐师以云林法见长，人多趋之，不失之结，即失之疏，是亦一派也。"意思是：新安这个地方，自从渐江以模仿倪瓒简洁清淡的画风而著称于世之后，大家都争相仿效，成为一个画派。龚贤的山水卷跋语由于很少有人见到，影响不大。但《浦山论画》广为流传，影响很大，人们于是把渐江作为新安画派的奠基人和开创者，与查士标、孙逸、汪之瑞、吴逸合称"新安四家"。

渐江，姓江名韬，歙县东关人，渐江只是他的号。后来拜古航禅师为师，受戒为僧，释名弘仁。渐江学画，一开始是从临摹前辈程嘉燧、李周牛的作品开始的，后来学习倪瓒的画法。但他并不以效仿倪瓒为满足。尤其到了晚年，往来于黄山云谷寺和慈光寺、休宁建初寺、丰南仁义寺、歙县五明寺之间，完全以大自然为师，以新安真山真水为稿本，独出机杼，自创新格。从清顺治八年（1651）开始，一直到他逝世的康熙三年（1664），在这十多年间，他每年都要到黄山写生作画。查士标是休宁城西人，出身书香世家，诗、书、画都很精通。绘画一开始学董其昌，后又学倪瓒。为了表示对倪瓒的崇拜，倪瓒自称"懒瓒"，他就自称为"懒标"。和渐江一样，查士标学倪瓒，也不被倪瓒的画法所拘束，重视师法自然。青年时期多次登临黄山、白岳，晚年徜徉在名山大川之间。孙逸，休宁人。山水画受倪瓒和黄公望影响，枯笔焦墨，淡而神旺，简而意全。笔墨秀逸，有文徵明画风的影响，被当时人视为文徵明后身。作画多以家乡山水为底本，以表现超逸自然的情怀。汪之瑞是休宁县徽光人，最早拜李永昌为师，随后师法倪瓒、黄公望，以悬肘中锋运笔、渴笔焦墨作画著称。汪之瑞画山水喜爱用麻皮及荷叶皴法，多取背面山景入画，画风简淡，别具一格。

在"新安四家"周围凝聚了当时徽州的一大批画家，与四家以友谊相称的有程邃、郑旼、程士唐、程正揆、戴本孝、吴山涛、汪洪度、方式玉、汪家珍、饶憬等，向四家执弟子礼的有江注、黄吕、吴定、戴思望、姚宋、祝昌、汪朴等。无论是师是友，或亦师亦友，他们同有一个结合在一起的目标，那就是描绘新安大好山水。正是新安大好山水将大家聚在了一起，在一起观览大好山河，一起切磋技艺，一起提高。终于简而深厚的笔法、冷然绝尘的意境，成了大家的共同追求。可以说，新安画派其实就是新安山水的结晶。

艺术是情感的流露，新安画派表现出来的冷然绝尘的意境，不仅仅是新安山水远离尘嚣给他们带来的灵感，而且与新安画家处于改朝换代之际，怀遗民苍凉孤傲之情有一定关系。徽州是朱熹的故乡，理学家"义利之辨"和"修身为本"的学说，培育出一大批颇具正义感和民族气节的仁人志士，他们把保持"名节"看成是最高道德规范。所以当明末清初改朝换代之际，他们或以身殉明，或高举起抗清的大旗，投身于反清复明的火热斗争中，涌现了许多可歌可泣的事迹。

作为文人画家的新安画派各位代表人物，同样具有高尚的气节，不与清廷合作。渐江在自己的题画诗中多有流露："序气日凄肃，板屋居安然。山风时出涧，冷韵听柯竿。"生活孤冷萧索，心境寂寥幽澹，遗民苍凉孤傲之情跃然纸上。他的作品多以峻岭奇松、悬崖峭石、疏流寒柯、老干枯枝入画，正是这种遗民情结的反映，体现出超尘拔俗和凛若冰霜的气质。

与渐江一样，新安画派画家都是明朝遗民，他们是把自己悲愤痛切的情感通过绘画去表现，因此其作品更多地带有"感伤"的性质。应该看到，新安画派的遗民意识，体现出的是一种强烈的故国之思，是与徽州文人画家对政治普遍关心的态度分不开的。而这种"感伤"的遗民情结又无疑是爱国主义的表现。

中国文人画发展到清初，产生出三大派别。一派是以

"四王"——王时敏、王鉴、王翚、王原祁为代表的"摹古派",盲目崇拜古人,一味模仿古人。另一派便是以八大山人、石涛、高其佩、扬州八怪等为代表的"反传统派"。复古派一味守旧,反传统派则一再标新立异,走向两个极端。只有新安画派既遵循古法,又师法自然创新,走一条"中庸"之道,是明清文人画的正统继承者。

新安画派的风格形成于明末清初,代表性画家都具有遗民背景,随着清政权的逐步巩固,社会趋于稳定,到了清康熙后期,遗民相继去世,新安画派原来所具有的风格面貌也开始发生变化。那种苍凉、萧瑟的内涵已不再合时宜,开始向淋漓、酣畅的格调转化,徽州画家开始追求新的时代特色。近代黄宾虹的出现,将新安画派道脉发展到了一个崭新的阶段,开中国山水画一代新风。

第三节　精美绝伦的徽派版画

版画是与雕版印刷术的出现同步发展起来的一门艺术,至少在唐代,版刻插图就已经出现。徽派版画也是伴随着徽州刻书而产生。早期徽州刻书中有"图经"一类的书籍,就是最早的版画作品。"图"是图画,"经"是文字。古代徽州,唐代有《新安图经》《新安图》,宋代有《黄山图经》。

现存最早的徽州版画有 3 幅：第一幅是《□武威石氏源流世家朝代忠良报功图》，原来藏在绩溪旺川石氏宗祠，现在被安徽省博物馆收藏；第二幅是《新安胡氏历代报功图》，收藏在上海博物馆；第三幅是《胡延庆克服城都报功图》，收藏在上海博物馆。这 3 幅图，都是属于元末明初的作品。明代早期的徽派版画作品还有：明弘治年间《休宁流塘詹氏宗谱》中的詹氏历代祖宗肖像，明正德年间《余氏会通谱》中的《余岸尤溪八景图》，明嘉靖年间《欣赏编续》中的文房四宝图和古玉图以及《筹海图编》中的骑射图等。

从唐咸通至明代万历时期，700 多年的时间里，中国版画的雕刻、印刷技艺没有大的进步。一直到明代万历年间，徽派版画的出现，才使得这一情况得以大大改观。明万历至崇祯时期，是中国版画史上划时代的时期，绘图、雕刻、印刷都有重大突破，把版画艺术提高到一个新的境界，著名学者郑振铎称万历、崇祯是中国版画"光芒万丈"的时代。而这一"光芒万丈"的时代，就是以徽派版画的崛起为标志的。

万历时期，北京、建安（福建）、金陵（南京）版画，基本上都是采取上图下文的形式，线条粗壮，构图简略。徽州版画则一扫粗壮雄健之风，形成工整、秀丽、缜密而妩媚的格调。其插图形式也趋多样化。

万历年间，歙县岩寺（今属徽州区）方于鲁美荫堂《方氏墨谱》，雕刻精美，线纹细入毫发，飘如游丝，造型效果纤丽逼真，具有极强的装饰美感。程大约滋兰堂《程氏墨苑》，图稿精丽绝伦，刻工勾凝断顿，线条细若胎毛、柔如绢丝，曲尽其妙，同时首创四、五色套色印刷，精美绝伦。崇祯年间，休宁胡正言《十竹斋笺谱》，有 289 幅图画，包括清供、华石、博古、画诗、奇石、隐逸、写生等内容，画面匀称工整。所有土豪都赋彩套印，并用拱花技法印刷。其显现出来的浓淡分明的效果，给人以简朴、典雅的印象。郑振铎先生评价《十竹斋笺谱》"雅丽工致，旷古无伦"。

　　清乾隆年间，歙县潜口（今属徽州区）汪氏水香园刊刻的《古歙山川图》，全部都是歙县境内实景。绘刻者模仿国画技法和布局，或以大面积的黑白对比，或以劲涩的线条皴擦，刀笔纵横流畅，书法、印章俱全，可称为清代徽派版画的杰出代表。清嘉庆、道光以后，徽派版画的规模和技艺都开始走下坡路，主要原因是鸦片战争以后，西方机器印刷技术传入，传统的雕版刻书业逐渐被淘汰，作为雕版印刷伴生物的版画必然也会走向衰落。但由于徽州地处偏僻的山区，交通不便，新的印刷技术一时难以传入，雕版刻书仍然存在。在有些出版物中，版画依然精彩。如道光《休宁县志》中寿山初旭、夹溪春雨、白岳飞云、风湖烟柳、屯浦归帆、练江秋月、落石寒波、松萝雪霁八景图就很精彩，山石、树木运刀遒劲，凝顿钩斫，刀锋浑沦；人物楼阁、行云流水则运刀轻捷，运转流畅，刀锋爽利。

两种刻线的巧妙组合，使画面空间感增强，富有层次变化。

徽派版画的特色，主要体现在线条上的纤丽秀劲，构图上的富丽精工，印刷上的绚丽多姿。"线条粗壮，构图简略"是明万历以前所有版画的基本特征，如果说北方版画同南方版画有什么区别，那也只是"粗壮"与"简略"的程度稍有不同而已。徽派版画一扫粗壮雄建之风，形成工整、精致的画风。

这种工整、精致的画风，在线条上、表现手法上，呈现出来的是细腻和多样性。由于丁云鹏等文人画家参与版画创作，他们把国画对线条的处理表现手法带到版画中来。国画笔法讲究钩、勒、皴、擦、点，仅皴法就有披麻皴、乱麻皴、芝麻皴、大斧劈、小斧劈、云头皴等十余种之多。所谓笔法实际上就是线条，万历以前的版画线条之所以显得粗壮而无生气，缺少的就是国画线条那多种多样的皴法。《程氏墨苑》中的《维摩说法图》，是一幅国画理论和技法运用于版画的成功之作。画面山水云树环绕四周，布局参差错落，尤其左上角山水云树交接处，一片浓郁的树叶遮去水面，一缕轻云袅袅远扬，增添了画面静谧深邃的意境。这是一幅宗教画，它以山水云树深处为背景，给人以宁静与和谐，追求的是淡泊和清远。技法上，画家和刻工在处理山石线条时用的是短促的牛毛皴，用刀疾速，锋利逼人，刻松针也是刚劲有力，柏叶则圆润隽永，行云流水，线条如丝，刀法细腻。这充分表现出徽派版画刚柔相济、动静结合的特色。

构图简单是万历以前所有版画的通病，主要原因就是绘图工匠的技艺不精，无法绘出布局完美的图画。文人画家介入版画领域，使绘图艺术队伍专业化，这对克服版画构图简单产生重大作用。丁云鹏为《程氏墨苑》绘"百子图"，为了使构图完整和美观，将100个儿童的游乐背景置放在皇家园林之内，有高台、流水、栏栅、假山、树木、小鸟，图像布满整个画面，线条一丝不苟，繁而不密，富丽精工，堪称徽派版画的代表作。

彩色套版水印是版画艺术的最高境界。胡正言悉心研究雕版赋彩印刷技法，在总结前人经验的基础上，将彩色画稿分别用各种颜色勾摹下来，分成数块小版雕刻，叠彩套印，创制"饾版"。又特制凹凸版，印时不用任何色彩，只把纸在版上压印，凸现无色图像，造成浮雕效果，时称"拱花"。饾版和拱花的出现，把版画印法提高到前所未有的水平，开创了后世"木版水印"方法和套色木刻艺术的先河。《十竹斋书画谱》和《十竹斋笺谱》就是采用饾版和拱花技法印制的。

徽派版画线条纤丽秀劲、构图富丽精工、印刷绚丽多姿的特色，成为其在中国传统版画领域独占鳌头的标志。著名学者郑振铎有一段非常精彩的评论，他说：中国版画的兴起，远在世界各国之先。明代万历、崇祯时期，徽州版画已经达到"最精至美之境"。这个时候，西方的版画，

还在萌芽之中。世界版画中国之最，中国版画徽州之最，此话一点也不过分。

徽派版画对世界印刷与艺术的贡献也是很巨大的。徽派版画彩色套版印刷，把雕版印刷技艺推向了新的高峰，是中国印刷史上的一项重大发明，被誉为是我国在世界印刷史上的第二大贡献。从《闺范》到《程氏墨苑》《风流绝唱图》，再到《十竹斋书画谱》，就是徽派版画彩色套印发展过程中的实物证明。徽州刻工下杭州，去苏州、常州、金陵、吴兴，北上北京等地从事刻书画事业，把彩色套版印刷传到全国各地，才有吴兴闵凌氏五色版的"千古传颂"。尤其《十竹斋书画谱》和《十竹斋笺谱》出版不久即传到日本，不仅对日本版画，甚至对日本整个绘画界都产生巨大深远的影响。到 17 世纪，日本才出现了一种写实的"浮世绘"，明显地带有《十竹斋笺谱》拱花的影响。

第四节　充满文人意趣的徽派篆刻

所谓文人篆刻，就是文人学者将自己的审美意趣，投诸印章方寸之间的一门造型艺术。文人篆刻的创作过程，有篆文与刻章两道工序。然而在明代嘉靖年间以前，文人参与艺术，仅仅只是在篆字、章法上进行创作，写出来的印稿还须交由工匠刻制，工匠依据自己对印稿的理解程度进行二次创作。工匠在铸与刻的制作过程中，对印稿作者创作意图的把握，对印稿神韵的再现，是会大打折扣的。从篆刻艺术本质上来看，还算不上是真正的篆刻创作。真正的篆刻艺术必须篆刻合一。

文人篆刻作为一门完整的艺术体系，必须有一定数量的创作队伍，有一批作品，有一定的创作理论。而这一切都是由徽州人来实现的，并创造出中国文人篆刻史上第一个文人篆刻流派——徽派篆刻。

徽派篆刻地位的确立以何震为标志。何震是明代嘉靖、万历年间休宁县前街人，他以刻工"指节通灵"之妙，以刀代笔，再现秦汉印章中的凿、铸、镂、琢之美，气韵流畅，成为明末印坛上的领袖，是当时印坛万人景仰的对象，被誉为"海内推第一"的人物。

与何震同时的徽州人苏宣、朱简、汪关，在明末印坛上，也是赫赫有名的人物。苏宣是歙县人，曾摹汉印近千钮，积聚了很深的功力。他师古而不泥古，创新求变。所刻作品气势雄强，布局严正。朱简是休宁县北门人，篆刻不拘泥于时尚，别开蹊径，以草篆入印，自成一格。创用短刀碎切技法，增强点划之间、字与字之间笔势的牵连、呼应和顾盼，产生一种富有提按旋转、跌宕起伏的笔意。汪关，原名东阳，后来得到一枚"汪关"汉代铜印，非常喜欢，于是将自己的名改"关"。汪关是歙县人，寓居娄东，少年时就酷爱古文字，收藏金、玉、玛瑙、铜等质地的印章不下 200 方。他参习佛学，心平气和，所以所刻印章也沉稳安详，篆法精严，饶有雍容华贵气象。

何震、苏宣、朱简、汪关在印坛的崛起，影响和造就了徽州大批篆刻人才。根据现有资料统计，明嘉靖至崇祯时期，徽州一府六县共有印人 50 余名，以何震为旗手，吴良止、罗南斗、苏宣、金光先、朱简、汪关、李流芳、吴正旸、汪徽等为中坚，构成了一个印人群体，他们互相学习，互相提高，震动当时的印坛，成为印坛上最早的篆刻流派。

何震、苏宣、朱简、汪关等人，纯粹是以印人的身份立足于印坛。但清代徽州印人或为官，或为商，或从医，或善于诗，或长于画，或从事经史研究，甚至集儒、商、医于一身，熔诗、书、画、印于一炉。这样一来，从事篆刻创作的人也就更多。清初至道光年间，徽州涌现出 100 多位印人，其中相当一部分就是书画家兼篆刻家，其中程邃、郑旼、戴本孝、黄吕、汪士慎不仅在印坛名盛一时，在画坛更是誉隆天下。项怀述、巴慰祖、胡唐则是书坛大家。诗、印两栖的大家有汪炳、汪镐京、吴麟等。

清乾隆、嘉庆年间的汪肇龙、巴慰祖、胡唐加上程邃，被世人称为"歙四子"，是清代早中期徽州印坛上的中坚力量。程邃是歙县岩镇人，生于云间（今属上海市）。明末在歙县县学读书，入清后寓居扬州，以书画篆刻自娱。他的朱文印学习先秦玺印文字样式，以钟鼎款识入印；白文印精心研究汉代印章的样式，刀法凝重。汪肇龙是歙县人，考据学家。他对文字学有着很深的研究，朱文印多以小玺及钟鼎款识入印，秀雅多趣；白文印效法秦、汉印章，苍茫浑厚，印风同程邃接近。巴慰祖是歙县渔梁人，家藏法书名画、金石文字、钟鼎尊彝很多，擅长篆隶摹印。其篆刻浸淫秦汉印章，旁及钟鼎款识，功力深厚。早期印作趋于雅妍细润、端整纯正，晚期印作风貌朴茂古拙。胡唐是歙县城里人，精通篆书，善于刻印，风格婉约清丽，所著行书边款尤为精绝。道光七年（1827），程芝华摹刻"歙四子"的《古蜗篆居印述》行世时，胡唐仍在世，并为题"古蜗篆居印述"书名，又作有《古蜗篆居印述序》。

从明嘉靖、万历文人篆刻艺术体系的确立，到清雍正时代，除了文彭以外，还没有人能拥有与何震、苏宣、朱简、汪关、程邃相抗衡的印坛地位。乾隆以后，"浙派"和"邓派"的兴起，给徽派篆刻带来了极大的冲击。到了光绪时期，蛰伏中的徽州印人，终于又产出一个能够同浙派和邓派相抗衡的篆刻奇才黄士陵，带动了徽派篆刻的振兴。继之绘画大师黄宾虹兼及篆刻，为徽派篆刻再添薪火。

黄士陵是黟县黄村人，以写字、作画、刻印谋生。后来到广州谋求发展，经人举荐进入国子监学习，广泛涉猎三代秦汉的金石文字，扩大了视野，开始寻求"印外求印"之路。晚年，叶落归根，回到黟县故乡，筑"旧德邻屋"

安居。黄士陵在涉猎三代秦汉的金石文字时，发现不少未经锈蚀的玺印，铸口如新，光洁妍美，于是确定了自己的艺术风格，走光洁挺劲、动静自然、方刚朴茂的路子。刀法上以薄刃冲刀为主，多种手法结合，达到随心所欲的境地，人称"黟山派"。

徽派篆刻作为一个统一的艺术流派，有着共同的特征。这就是一以贯之的"崇古"思维、注重学养的创作取向、追求雅逸平和的审美意趣和突出个性的印学理念。徽州印人"崇古"思维，从何震一直到黄宾虹，一以贯之。他们从借鉴乡贤印风入手，追踪秦、汉，一直到追踪三代。印外求印，师从而不守旧，崇古而不泥古。用不同的方式，从不同的层面，汲取古代印章的营养，形成个人印风面貌多样的格局，成为徽派篆刻艺术特征之一。为了提高篆刻水平，徽州印人紧密结合篆刻艺术创作实践，不断自我完善。何震是一个专业篆刻家，他为了提高自己在文字上的学养功夫，主动向文彭请教有关六书方面的知识，刻苦临摹石鼓、钟鼎文字，并仿吾丘衍《学古编》体例，著《续学古编》，对篆隶文字演变和印史进行探讨。黄士陵为了增加自己的学养，专门到全国最高学府——国子监去读书。雅逸平和的审美意趣，一直是徽州印人追求的目标。最早在金光先、朱简的印章中就已见端倪。到了汪关手上，徽州印人追求雅逸平和的审美意趣得到了淋漓尽致的反映，周亮工称汪关的印章是"和平"的代表。巴慰祖、胡唐同样承绪了徽州印人追求雅逸隽秀、平和光洁的审美意趣，印风更趋雅妍细润，端庄纯正。黄士陵更是以光洁挺劲、雅逸隽秀的印风闻名于世。

徽派篆刻在中国篆刻史上贡献卓著，徽州以外的文人篆刻流派无一不与徽派有着千丝万缕的关系。邵潜继承了何震篆法、刀法的多样性，传给许容、童昌龄，形成如皋派。林皋篆刻得汪关平和精髓，成为莆田派的领军人物。丁敬继承了朱简生涩刚劲之风，把朱简的切刀法运用得娴熟自如，开创了浙派。邓石如广收何震、苏宣、汪关、朱简、程邃各家长处，融以自己擅长的篆书入印，形成邓派风格。广东刘庆嵩、李茗柯、易孺、邓尔雅等直接师从黄士陵，开创粤派。徽派篆刻一直是中国文人篆刻的主流，一部徽派篆刻史，几乎就是中国文人篆刻流派史。

第八章
徽州科技成就与贡献

徽州科技领域人才辈出，创新思想活跃，科技成果丰富。涉及的领域极为广泛，包含医学、数学、天文、地理、生物、地学、农学，以及制墨、印刷、建筑、髹饰等多学科，对中国科技史的贡献巨大。成果非常实用，与老百姓的生活息息相关。自然科学与社会科学相互融通，很多科学家本身就是著名学者。尤其医学最为发达，形成在中国医学史上占有重要位置的地域性流派——新安医学。

第一节　中医主流新安医学

新安医学肇自北宋，兴起于元至明中叶，鼎盛于明嘉靖年间至清末，是中华中医主流医学流派。从宋代至清末，新安医家有史料可查的名医有 668 人、225 人撰辑了 461 部医学著作。新安医著涉及经典著作的注释整理、临床整治经验的总结、古医著的辑录复原、类书与丛书的编纂、医学普及读本的撰写，以及各种医案、医话，内、外、妇、儿、喉、眼、伤、疡、针灸、推拿等临床各科专著，还有脉学、诊断、治法等理论专著。

北宋歙县人张扩跟随湖北蕲水庞安时学医，后又师从四川王朴，善脉诊，治病有良效，名扬京、洛。其侄孙张杲，潜心医学 50 年，博采宋以前古代医书、医案，于南宋淳熙十六年（1189）撰成《医说》10 卷，人称"医林之珍海"，是第一部较为完整的新安医学著作。此后，婺源人王炎又撰《伤寒论》，并涌现出歙县黄孝通、休宁吴源、婺源马荀仲等名医，标志着新安医学的兴起。元代，休宁徐道聪，精儿科，其子杜真精内科，撰《杜真方书》行世。歙县鲍同仁精研针灸，著《通玄要要》等。婺源王国瑞亦精针术，撰《扁鹊神应针灸玉龙经》1 卷行世。

明代，新安医学进入兴盛时期，名医迭出，医籍宏富，取得许多令世人瞩目的成就。祁门汪机毕生研究医学，撰《石山医案》等医书13部76卷，被誉为明代四大医家之一。祁门徐春圃于明隆庆二年（1568）在北京发起组织"一体堂仁宅医会"，是中国最早的医学学术团体。当时的会员为游学、肄业或供职京都的名医46人，其中新安医家占12人。该会以穷研医籍、共磋医理、克己行仁、共勉互济为宗旨，对治学态度、方法、内容等均有规章。休宁孙一奎曾以医术游于公卿间，并在三吴、徽州、宜兴等地行医多年。撰《赤水玄珠》30卷，引录历代文献273种，以明证和论治有条理见长，深为后世医家推崇。歙县方有执撰《伤寒论条辨》8卷，首倡"错简说"，开一派之先河。歙县吴昆所撰《医方考》，则是中国首部注释医方的专著。明代的名医还有程充、吴正伦、程玠、程衍道、余午亭、汪宦、陈嘉谟、方广、丁瓒等。

清代，徽州又涌现出程敬通、程林、程郊倩、汪昂、郑重光、程国彭、吴谦、郑梅涧、郑枢扶、汪文琦、许豫和、汪绂、吴师郎、程杏轩、许佐廷等医学名家。其中休宁人汪昂著有医书多种，简明实用，浅显晓畅。其《汤头歌诀》等书至今仍是中医院校重要的入门教材。歙县吴谦官至太医院判，以高超的医术和渊博的理论知识，被誉为清初三大名医和清代四大名医之一。这一时期新安医家在医学理论、临床医学和药物学等方面皆多有建树，在全国

具有相当大的影响。

徽州是宗族制度最为盛行的地区，聚族而居，人丁的增长或减少直接关系到宗族势力的消长。故各族都注重医学，以保障族人的健康水平。对大家庭来说，有一两个人精通医学并世代相传，已成为徽州人的习俗。对于专门以医学为业的家族来说，更是世代相传，少则几代，多则二十余代，形成医学世家。著名的医学世家有张氏医学世家、陆氏医学世家、余氏医学世家、黄氏妇科、郑氏喉科、吴山铺伤科、碧山李氏内科、歙县蜀口曹家外科、正口王氏妇科、江村江氏儿科、富堨王氏内科、舍头程氏内科、野鸡坞方氏外科、休宁西门桥汪氏儿科、梅林江氏妇科、舟山唐氏内科、绩溪龙川胡氏外科、黟县叶家湾吴氏儿科等。徽州医学世家各科齐全，形成一个医疗网络，普及徽州乡村医疗，保障了徽州人的健康水平。同时，医学世传不仅易得病家之信仰，亦利于临床经验的积累。

据《新安名医考》统计，有新安医著 461 部。新安医著涉及古代经典医著的注释整理、临床诊治经验的总结、古代医籍辑佚复原类书与丛书的编纂、医学普及读本的撰写，以及各科医案、医话，临床各科专著，脉学、诊断、本草等理论专著。

张杲《医说》记载宋以前名医 16 人，论述涉及医书、针灸、珍视、养生等方面，内容丰富，涉及面广，为中国现存最早载有大量医史传记和医学史料的图书，也是第一部较为完整的新安医学著作，先后流传至朝鲜、日本。

江瓘《名医类案》是中国第一部总结历代医案的专著，搜集上自扁鹊、仓公、华佗，下迄元明诸名医验效医案。对每一医案，江瓘均加评论，见解独到，对保存古代医案作出贡献，也给后世医家研习古代医案提供了宝贵资料。

徐春甫《古今医统大全》100卷，包括《内经》要旨、历代医家传略、各家医论、脉法、运气、经络、针灸、本草、养生、历代医案、验方等，是一部内容十分丰富的大型医学全书。

程文囿积数十年之力，上溯轩歧，下逮汉、唐、宋、明的医书320余家，经史子集40余种，每于临症之暇，反复批阅，并对记有精粹者，辄随札记，历时34年，钩玄提要，采精撷微，撰成65万余字的《医述》，学者得此一篇，即可省涉猎群书之劳，而收取精用宏之效。

孙一奎《赤水玄珠》30卷，引录历代文献273种，并结合个人医疗经验，分述病因、疾征、处方及诸家治验，深为后世医家推崇。

吴昆《医方考》6卷，选历代常用方剂700多首，阐述各方的组成、方义、功用、适应证等，是一部深受医家欢迎的方剂学著作。

《伤寒论》是东汉张仲景集前人医学成果和自己几十年行医经验而创作的一部医学巨著，奠定中医辨证论治的基础。由于《伤寒论》成书于东汉三国的混乱时期，原书已散佚不全。后来经晋朝大医家王叔和整理编次成书，成为《伤寒论》的唯一传本，历代医家奉为宝典，少有疑义。方有执认为王氏传本《伤寒论》文字简古，并且互相抵触，有伪托，为此，呕心沥血20年，完成《伤寒论条辨》一书，对王叔和编次的《伤寒论》进行重订，开创研究《伤寒论》的新趋向，形成中医史上重要的学术流派——错简派。

吴谦《医宗金鉴》90卷，其中《订正伤寒论注》17卷、《订正金匮要略注》8卷是吴谦自撰，其余《删补名医方论》《四诊心法》以及诸病《心法要诀》采自前人方有执、程应旄、郑重光、程林等20余家之说。此书重证验，执中而不偏，平正通达，条理分明。内容虽包罗万象，但叙述简要，且有插图歌诀，是清中期以后习医者必读之书。

程国彭《医学心悟》5卷附《外科十法》1卷，为程氏集30年经验所得而成。论病之情，以内伤、外感总括；论病之源，以寒、热、虚、实、表、里、阴、阳八纲统辖；论病之方，则以汗、吐、下、和、温、清、补、消八法治疗。而一法之中八法具备，八法之中百法具备，病变虽多，而法归一。所列方药，如止咳散、葛根治痢散、益母胜金丹、加味七神丸等，均为临床常用药方。

陈嘉谟《本草蒙筌》12卷，论述药物447种，附录药名295种，计742种药，是一部偏重于生药研究的本草书籍。据自序云：此书创自嘉靖三十八年（1559），"取诸旧本，会通而折衷之，先之气味升降，有毒无毒；次之地产优劣，采早采迟；又次诸经所行，七情所具，其制度，其藏留，与夫治之宜，及诸各贤方书应验者，靡不殚述。间亦旁掇旧文，窃附臆见，以扩未尽之首"。他历时 7 年，5 易其稿，嘉靖四十四年（1565）完成此书时，年已 80 岁。此书讲究道地药材，如白术分浙术、歙术，芎藭分京芎（关中）、抚芎（抚州）、台芎（台州）；更严分药材性质，如黄芩，疏松者为宿芩，坚实者为子芩，甚至一药之中又分身梢之别。此外对药物的保管、气味、炮制方法等论述较为详细。

另外吴勉学汇刻《古今医脉正统全书》44 种、204 卷，《伤寒六书》6 卷，《东垣十书》20 卷，《针灸甲乙经》12 卷；吴琯辑刊《薛氏医案》24 种，胡正言刻《十竹斋刊袖珍本医书》13 种等，都是医学书籍，对汇集和保存中医古代重要医学文献做出了贡献。

新安医学门类齐全，涉及医经、伤寒金匮、诊法、本草、方书、综合、外科、妇儿、针灸、喉科、医案医诂、医史、杂著、全书等类。其中有基础理论专著，有临床名科，也有针灸运气，门类齐全，理论系统，立说全面，规模宏大，结构完整。

《黄帝内经》为中医医书之祖，元代曾出现专门研究《黄帝内经》的"金元四大家"（刘完素、张从正、李杲、朱震亨）。历代新安医家也都极为重视《黄帝内经》，明徐春甫在其所著《内经要旨·序》中指出：《黄帝内经》《素问》《灵枢》为万世医学之鼻祖，不可以不重视。清康熙年间，休宁县汪昂也说：医学有《素问》《灵枢》，就像儒家有六经《论语》《孟子》，古代名医与现代的能手，莫不是师承其说。新安医学精取"四大家"之所长，推李杲（字东垣）之学精于培元，宗朱震亨（字丹溪）之说而擅于养阴。明嘉靖间休宁方广重订正《丹溪心法》而成《丹溪心法附余》。汪机撰著有《内经补注》《续素问钞》，吴鹤皋著有《素问吴注》。徐春甫内伤师从李杲，外感师张从正，热病师从刘完素，杂病师朱震亨。

新安医家非常重视总结医学成果。明代徐春甫《古今医统大全》，清代乾隆间吴谦《医宗金鉴》，程杏轩《医述》，均为融古通今、总结历代医学成果而成的皇皇巨著，以搜罗广博、取舍精当著世。清程云来删述的《圣济总录纂要》校其讹错，补其残缺，精其纸墨，更廉其值，行以济世，为医界所称道。婺源汪双池著《医林纂要探源》一书，编辑规模几乎与《医述》相当，推源溯流，穷原竟委，使医理归于正宗。

新安医家还很注意传播自己的医学成就。南宋以来，有相当数量的新安医家因种种原因而客居外籍，他们在医学上的探求与造诣，为世人所注目。客居或客寓外地的医家已知者有40余人，并有30部医学著作传世。如迁往浙江嘉兴的王有礼（更名沈三五），著《尊生内编》《尊生外编》；迁居泰州之罗慕菴，著《医宗粹言》40卷；迁寓扬州的王于圣，著《慈航集三元普济方》；迁衢州的程芝田，著《医博》《医约》；迁江苏虞山的罗东逸，著《内经博义》；迁往吴中的叶朝采，其子叶天士承其学，有《温热论》《痛证指南医案》传世。

新安医家影响远播海外，南宋张杲之《医说》东传后，朝鲜刊行于李斯王朝成宗十五年（1488），日本万治三年（1660）刊行；吴崑《医方改》朝鲜李斯王朝宣宗十六年（1586）刊行，日本元和五年（1619）梅寿据金陵周氏刻本重刊；吴崑《素问吴注》日本于元禄六年（1693）书林吉村左卫门重刻；江瓘《名医类案》日本元和九年（1623）有猪子寿刻本刊行，宽文元年（1661）又有野田庄右卫门刊本问世；汪机的《石山医案》东传后，有元禄九年（1696）大版涩川清右卫门刻本；汪昂的《本草备要》有日本享保十四年（1729）植村藤治郎刊本。可见，朝鲜、日本不仅在通过各种途径吸收新安医学知识，而且在翻刻和刊行方面接受相当数量的新安医学文献。据不完全统计，有 30 余种新安医学文献传播海外。

新安医学是中医主流医派，以儒行医，御医官医众多，医学著述宏富，临床医科齐全，家族世代相传，师承连绵有序。诊治特点在于重脉诊、慎求因、重温补、用药轻灵，强调固本培元。新安医学对历代中医典籍进行整理，在医学理论、临床医学和药物学等方面都有建树，促进了中医学理论体系的发展，对日本、朝鲜医学产生影响。

第二节 其他科技成就

远古时期，徽州人民就在自觉或不自觉地开展认识自然、利用自然、改造自然的科技活动。早在春秋战国时期，徽州就已经出现高超的制陶技术和青铜冶铸技艺等科技萌芽。

1959年，屯溪西周墓出土陶瓷器质地坚硬，细腻，吸水弱，烧成温度在1200℃左右，击之有铿锵之声，已经属于原始瓷器，其化学成分与陶瓷胎的显微结构都具有后来南方青瓷的特征。青铜器的冶铸技艺也很高。屯溪西周铜器颜色青灰发亮，经中国科学院安徽分院化学研究所光谱分析表明，合金成分与《考工记》所载"六分其金而锡居一"的含量相近，证明当时的工匠已经掌握了铜锡合金的比例与硬度、熔点的关系。

唐代徽纸、李廷珪墨、汪伯立笔和龙尾砚等手工系列产品，也具有一定的科技含量。

宋元时期，休宁程大昌的《禹贡山川地理图》，用4种颜色绘制。水用青色，黄河用黄色，古今州道用红色，郡县疆界用雌黄色。这不仅在地理图绘制史上是先进的，用地理图的方式来演示学术研究，也是程大昌的重大创造，是地理学研究的重大成果。此外，他的《演繁露》对色散本质和虹的解释也处于全国领先水平，明确提出"五色"光的生成来源于日光，批判了对于色散现象的神秘传说，表现了科学的态度和精神。歙县罗愿《尔雅翼》以《尔雅》为资料，研究了418种动植物的形态和习性，是一部传统的生物学专著。黟县邱浚《牡丹荣辱志》记载了当时有关牡丹品种和其他花卉名目、产地，从植物学角度来看，具有一定价值。

明清时期，徽州科技领域更是人才辈出，学术思想活跃，科技成果丰富。休宁程大位的《新编直指算法统宗》，将珠算的加、减、乘、除、开方运算的口诀系统化、完整化，使之简便易行，详细介绍了用珠算开平方和开立方的方法，完成了由筹算到珠算的彻底转变。婺源江永精研梅文鼎的数学书籍，参考西洋算法，加以研究，成《翼梅》8卷，其中涉及数学的《数学补论》《中西合法拟草》《方圆幂积比例补》《正弧三角疏义》等，数学上多有发明。戴震在基础数学理论方面的研究也毫不逊色，著有《勾股割圆记》《策算》等，成为"古今算法大全之范"。歙县汪莱所著《衡斋算学》及《衡斋遗书》等书，论述球面三角形、勾股形、组合数与级数、高次方程、弧矢关系、代数方程式等数学理论，是中国历史上最具创见的数学家之一。歙县人罗士琳著有《算学启蒙》和《四元玉鉴细草》。《算学启蒙》是一部通俗数学名著，《四元玉鉴细草》是对《四元玉鉴》一书所作的校正、注疏。

歙县程瑶田著有《星盘命宫说》《四卯时天图规法记》

《日躔空度出地记》和《言天疏节示潘宫生》等天文历法论著，分别论述了回归年、朔望月、闰年法、岁差、日月食和四季日出时刻差异等天文知识；为了解释一年中二分、二至日出时间的不同，他还绘制了四幅精致的天文图。歙县凌廷堪以精通天文历算而知名，在《气朔盈虚辨》中以科学道理批判了宋代学者蔡沈《书传》中在天文学方面的错误认识，发挥自己独立见解。黟县俞正燮则在《癸巳类稿》《癸巳存稿》中研究和分析了中国古代盖天说、昼夜说，考察过恒星七曜和古代历法，并对以前的古代天文历法多有考订，还对宋代沈括所使用的十二气纯太阳历的构思提出过支持。

婺源汪应蛟在代任天津巡抚时，在葛沽、白塘口一带遭到荒废的盐碱田地上，筑堤围田，利用淡水洗碱，垦田种稻 5000 余亩，其中 4 成为水田，对盐碱地改造和农田水利建设作出了突出贡献。婺源齐彦槐重视农田水利建设，曾自制并试用龙尾车，其《龙尾车歌》较详细地记述了龙尾车的构造、运转等情况，描绘了试车的壮观场面，是中国清代农具技术革新的一次成功尝试。

汪灏的《广群芳谱》100 卷，由天时、谷、桑麻、蔬、茶、花、果、木、竹、卉、药 11 谱组成，除天时谱记四季和月份外，其余 10 谱均记植物，介绍植物性状和栽培技术，广征博引，堪称我国古代的植物大全。歙县人吴菘，首次将画家雪庄所绘黄山 35 种奇花异卉加以笺注，一一定名，描述其色香、形态、特征和生长环境，编成《笺卉》1

卷，是黄山第一部植物志。歙县人汪畹腴著《培植兰菊法》，详细介绍了兰花、菊花的栽培技术方法和注意事项。休宁人陈石麟根据抄自内府的本子，又搜取民间所藏，撰成《鹌鹑谱》1卷，详细叙述了鹌鹑的形态、习性和饲养方法，有些内容对现代鹌鹑饲养业仍有参考价值。

歙县郑复光所著的光学著作《镜镜詅痴》，是中国历史上最著名的物理学研究成果之一。他不仅成功地做过削冰取火的实验，而且在《镜镜詅痴》中详细地记述了"窥筒远镜""观象远镜""游览远镜"三类望远镜的制作方法和使用方法，对天文仪器双反射八分仪也有研究并作出贡献。他又是中国近代研究火轮船的开拓者，还著有一部科普作品《费隐与知录》。其最大贡献在于亲自制造了我国第一台可昼夜使用的幻灯机和用于观测月球的望远镜。

第三节　徽州科技的特点与贡献

一、科技领域极其广泛

徽州科技领域极为广泛，涉及医学、数学、天文学、农学、生物学、物理学、地理学，以及制墨、印刷、建筑、髹饰等多学科。

数学上。数学领域首推明末程大位的《新编直指算法统宗》，除了前述江永、戴震、汪莱、罗士琳的数学成就之外，还有歙人张游《算法图补》、汪光恒《小衡算说》，休宁吴塨《夏侯阳算经参释》、程廷祚《策算》等，在数学上均有一定创见。

天文学上。我国古代数学研究大都与天文、历法的研究紧密结合，史称"天算"。宋代休宁人吴观万著《潮说》《夏小正辨》《闰月定四时成岁讲义》等，元代婺源人王遥著《天象考》《坤象考》20余册，元代歙县人方回著《古今考》《历象考》、鲍云龙著《天象发微》。到了清代，江永、戴震、汪莱、程瑶田、凌廷堪、俞正燮等对"天算"都有研究。

生物学上。徽州生态环境优越，生物资源极其丰富，为人们研究动植物创造了得天独厚的条件。历代文人笔之歌咏，图之丹青，考证名物，手录成帙的生物学著作甚多。其中邱浚的《牡丹荣辱志》、罗愿的《尔雅翼》、吴瑞的《日用本草》、潘之恒的《广菌谱》、鲍山的《野菜博录》、雪庄的《黄海山花图》、汪灏的《广群芳谱》、程石邻的《鹌鹑谱》、陈均的《画眉笔谈》、戴震的《经雅》、吴绮的《岭南风物记》等著述，都是生物学的重要研究成果。

物理学上。歙县郑复光所著《镜镜詅痴》《费隐与知录》是物理学代表作。另外，戴震《考工记图注》中关于车舆质量检测及马车物体惯性运动现象、关于匠人营建宫室检测技术、关于钟鼓磬等乐器的发音与其形状大小和器壁厚薄的关系等的总结注释含有不少物理学知识。

农学上。有婺源汪应蛟、齐彦槐的盐碱地改良和龙尾车的农学实践。明清两代休宁人金瑶的《蚕训》、歙县人汪宗沂的《蚕桑辑要》等，在当时对普及蚕桑知识、推广蚕桑技术均起到一定的作用。

另外，明代歙县人黄成的《髹饰录》，是我国最早且现存唯一的传统漆工技艺专著。清初休宁人吴鲁衡精制的地学仪器罗盘（即指南针）以及日晷定时仪器，后来荣获 1915 年巴拿马万国博览会金质奖。清初机械发明家黄履庄制作了 6 大类 33 种富有新意的"奇器"。祖籍婺源的晚清铁路工程师詹天佑亲自主持中国近代第一条自行设计和建造的铁路——京张铁路，为中国铁路事业的发展做出了不朽贡献。

程大位《新编直指算法统宗》能够受到世人如此重视，原因在于它是一本实用数学图书，书中有许多问题都是他在经商和平时的生活实践中提炼的。汪应蛟的盐碱地改良、齐彦槐的龙尾车都是在农业实际中产生的。歙县汪畹腴所著《培植兰菊法》，分为兰花和菊花两大部分，以"置兰""造泥""拔换""浇灌""培壅""谨护""凿弊""安头""护理""探源""防御""靖患""灵均""标品"等 15 目列明兰花培植方法，又以月令形式逐月记载各月艺菊之事及有关技术方法，内容相当详尽，非常实用。

包含科技含量的文房四宝制作技艺、赋彩水印印刷术、漆器髹饰技艺、罗盘制作技艺、机械制造技术、光学仪器制作技术等，都是对生产、生活非常实用的技艺，造就了当代徽州非物质文化遗产多元、丰富的局面。

二、自然科学与社会科学相互融通

徽州自然科学与社会科学相互融通，很多科学家本身就是著名学者。宋代程大昌是休宁"理学九贤"之一，一生著述多，涉及领域广，且精于考证，为新安理学奠基人之一。其《禹贡论》和《禹贡山川地理图》，引各家成说，辨析疑难讹误，堪称名著；《雍录》图文并茂考订关中古迹，搜罗资料极为丰富，辩证亦很详细，是早期地方志中的善本；《演繁露》16卷，其中记载了许多中国古代的科学技术成就，如对光色散现象的发现、玻璃起源及其特点的认识、日月性质的认识等，在中国科学史上都是较早的重要发现和认识；《诗论》最早提出《诗》与音乐有关。

清代江永、戴震、程瑶田均为徽州朴学的代表人物，他们将经学研究与自然科学研究紧密结合，在数学、天文学、地理学和物理学上都有非常深厚的造诣。戴震奉诏入四库馆参加四库全书统筹编纂，负责从明《永乐大典》残本中辑校《九章》《海岛》等古算学典籍。他凭着自己在经学和数学、天文学上的深厚学识素养，对这些古籍散篇残卷进行校勘、补图、注解、考证、甄别、排比、分析，写出提要，并辑佚、复原了中国古代数学名著"算经十书"，基本恢复到了北宋秘书省刻本的状况，使这些濒于失传的古典数学著作重放光彩。

三、徽州科技的影响

新安医学、算学的影响已见前述。郑复光的《镜镜詅痴》是我国近代第一部比较系统地阐述几何光学原理、光学仪器原理和制镜技术的科学著作，既有系统的科学理论分析，又有大量的实验研究，从定性到定量，全面总结了当时已有的光学知识，并在许多方面作出了重要贡献，代表了当时中国光学发展的最高水平，被誉为光学史上的一个重要里程碑。化学上南宋婺源人张潜、张磐、张甲父子祖孙三代，孜孜不倦研究"胆水浸铜法"，完成《浸铜要略》一书，详细记载了 12 条胆水浸铜的工艺程序，成为世界化学史上的重大科技成果"胆水浸铜法"的主要发明集成者。南宋官府铸钱的铜有一半以上出自胆水冶炼法。此法便是将铁放入一种胆水（色蓝如胆的天然泉水）之中就可以取得金属铜，这其实是一种化学置换反应，它利用化学性质活泼的金属铁，从含铜离子的溶液中将铜置换出来。自然界中硫化铜矿体（古人称其为"胆矾"或"石胆"），经过雨水淋浇、溶解后汇集成泉，这种泉水又称胆水，其浓度足够大时，投入铁片，就能取得金属铜。其对宋元时期胆水炼铜生产的兴起和发展产生了很大的促进作用，对于我国首创的浸铜冶铜重大发明的总结推动有着不可磨灭的贡献。

第九章
徽派建筑理念与营造风格

徽派建筑是村落民居、祠堂庙宇、牌坊和园林等整个建筑群体概念，并不是指某个单体建筑。徽派建筑在总体布局上，依山就势，构思精巧，自然得体；在平面布局上规模灵活，变幻无穷；在空间结构和利用上，造型丰富，讲究韵律美，以马头墙、小青瓦最有特色；在建筑雕刻艺术的综合运用上，融石雕、木雕、砖雕于一体，显得富丽堂皇。同时，建筑是历史文化最为丰富的积淀层，徽派建筑实体中蕴含着丰富的徽州文化特质。

第一节　古村落空间理念

一、风水理念

徽州古村落形成、发展的自然环境与人文环境，相互制约、相互适应、相互再现、相互选择，地理环境、风水追求和观念意识都对村落布局产生影响。其中风水追求和观念意识又作用于地理环境因素之上，形成徽州村落布局特色，使得中国传统风水文化观念在徽州得以强化。

黟县宏村就是在风水理论的指导下发展起来的。南宋绍熙元年，宏村汪氏始祖经过此地，见这一带背有雷岗山耸峙，四周溪流环绕，形胜较佳，于是选择雷岗山之阳，筑了数椽房屋住了下来。这便是宏村形成之始。当时这一带幽谷茂林，道路蔽塞，邕溪沿雷岗山脚由西至东，村西另有羊栈河从北往南。汪氏祖先精通风水之术，认为两溪如能在村西交汇再向南流才是风水宝地，现在两水不交，是个缺陷。谁知到了南宋德佑年间，暴雨引起邕溪改道，与羊栈河在村西交汇并往南流去，正合汪氏始祖的意思。水系的变迁为宏村提供了很好的发展村基，使整个村落呈背山面水之势。

　　明永乐年间，为了使村落更符合风水吉祥的观念，宏村汪氏 3 次聘请休宁县海阳风水师何可达，对村落进行总体规划改造。何可达花了 10 年时间，审视宏村周围的山川脉络，将村中一天然泉眼扩掘成半月形月沼，以储"内阳之水"而镇"丙丁之火"，并把村西邕溪之水转东流出村落。明万历年间，又因来水躁急，在村南开挖南湖，储"中阳之水"以避邪恶。同时将邕溪之水引入村落，经九曲十弯，贯穿村口月沼，穿过家家门口，再往南注入南湖。月沼南湖水系构成宏村形态的主要特征，而这一水系又是在风水先生指导下进行的，带有明显的风水吉凶观念。

　　喝形是风水理论中用于村落选址的重要依据。喝形是指凭直觉观测，将某山比作某种动物，如狮、象、龟、蛇、凤等，并将所隐喻的吉凶与人的吉凶衰旺相联系，借以建立人与自然界的居住位置。古徽州的村落选址，大多以此为依据。黟县清《湾里裴氏宗谱·鹤山图记》载："鹤山之阳，黟北之胜地也。面亭子而朝卯山，美景胜致，目不给赏。前有溪，清波环其室；后有树，葱茂荫其居。悠然而虚，渊然而静……惟裴氏相其宜、度其原，卜筑于是，以为发祥之基。"

　　歙县潭渡村庄为渡船形，唐贞元年间，黄氏庐墓定居。黄氏据村庄渡船形，对村落风水进行处置。丰乐河两岸，广植杨、柳、樟树、雷竹，锁钥风水，名"练水拖蓝"；在村东架石墩木板桥（清代改为八墩七孔石桥），名三元桥，作为

"渡船"踏板；在村东北植樟树一株为"船篙"，村中民宅为"船舱"；南北走向的前、后街为两舷，2 条东西走向主巷将船隔为前、中、后舱；为防止北方壬癸水冲走"渡船"，在村北小河东埠头掘塘蓄水，名曰"回水塘"，雅称"潭湖"。

徽州古村落中的风水理念，体现了人与大自然的依存关系。山水互为映衬，白墙青瓦高低错落，古树果木点缀其间，野鸟家禽交相鸣啼。村落或枕山傍水，或夹溪面筑，村子四周青山相峙，既得山泉溪水之便利，又有青山绿树为屏障。从宅院里推窗远眺，天然图画尽收眼底。天井洒落进阳光雨露，小院植置着花木假山。在这里，人类与大自然完全融为一体，你中有我，我中有你。

二、宗族理念

徽州村落的形成，同中原大族的南徙密切相关。徽州古村落，就是中原世家大族迁徽定居后逐步形成的，因此徽州古村落的空间理念也深深地打上宗族的烙印。宗族理念在徽州古村落空间布局上体现在 2 个方面，一个是以坟墓为中心，一个是以祠堂为中心。

以坟墓为中心的村落，往往由庐墓而形成。在祖先墓地傍建宅，逐渐发展而成村落。徽州人的宗法观念极其浓厚，讲孝道，一般父母去世，要守孝 3 年。遇到特别孝顺的，索性在父母的坟边造一幢房子，守着父母的坟墓过日子，这叫庐墓。庐墓是宗法制度的产物。歙县昌溪便是由吴氏庐墓而成村落的，至今村中仍有一块占地很大的"大柏园"，为昌溪吴氏始祖及后代各世祖的坟地。"大柏园"也就是昌溪村的发源地。婺源县理坑村整个村落建立在祖坟的"龙脉"之上，建筑朝向也与祖坟一致。尽管如此，整个村落背山面水的格局依然不变。

南宋建炎年间，在徽州府任文学职官的鲍荣，看到歙县棠樾环境很好，便在棠樾村坪头建了一所别墅——掌书园，生前还把早逝的妻子、孺人葬在该园内，即今村中之鲍氏始祖墓园。鲍荣的曾孙鲍居美，将全家从徽州府城河西搬到棠樾来。村中的建筑围绕始祖墓园而建，主要有慈孝堂、鲍同仁蒙古文状元坊、大和社、西畴书院等。元、明之际，棠樾村人进行大规模的水系改造，棠樾来自灵山之水分为 2 条：一条自东山、槐塘而来，过村北流入模路塘；另一条去村西沿灵山山脉至西沙溪，此为村中主要水源。元至正年间，鲍佰源倡导族人截流筑成"大姆坝"，灌溉田 40 公顷，确保棠樾农田旱涝保收，同时引水入村，沿村南环绕如带。又引模路塘水绕村东两股水去聪步亭汇合，潺潺流至七星墩义善亭水口。

祠堂是宗族举行祭祖礼仪和进行各种活动的场所，以祠堂为中心的村落，注重严谨的宗族等级格局和儒家礼教形式，体现的是一种宗族的荣耀和尊严、一种睦族的氛围。西递村中心建有胡氏总支祠敬爱堂，整个村落以敬爱堂为中心布局设计，前后 2 条溪流成弧形绕着敬爱堂缓缓流过。

街巷以桥相连通，建筑群落的整体感极强。民居拱卫着祠堂，也就是子孙围绕着祖先。

南屏是一个多姓村落，居住着叶、程、李等主要姓氏人家，各姓都把自己的祠堂建在村子中心。年久人丁繁衍日旺，流派渐生，宗祠、支祠、家祠颇多，鼎盛时期，全村共有30多座祠堂，仅村中心横店街，自南到北不过200米，就有各式祠堂8座。

徽州古村落布局空间中的宗族理念，是明清徽州宗族社会的客观体现。

三、文化理念

宋以来，徽州长期受新安理学的浸淫，注重教育，尊崇儒家道统，文化气息浓郁，徽州古村落空间布局也深受影响。

从村落整体建筑空间布局上看，书院、书塾、社学、牌坊、藏书楼、文峰塔等文化建筑给徽州古村落营造出浓浓的文化氛围。从单体建筑上看，中国文化的特质是"天人合一"，徽州宅居中天井、庭园和飞翘起的檐角正是徽州人追求"天人合一"境界的途径。人们坐在厅堂内能够直接领略到晴雨冷暖，观赏日出月落，人与天融为一体。中国文化中的"天"，不仅是自然的"天"，也是人文的"天"。

徽州宅居天井中的水枧上，一般都有体现这种天人关系的文字说明。黟县宏村承志堂庭院天井的水枧上有"天吉"二字，以示"天吉人祥"之意。前厅天井的水枧上是

"天锡纯嘏"四字,《诗·鲁颂·闷宫》:"天锡公纯嘏,眉寿保鲁。"郑玄注:"纯,大也;受福曰嘏。""天锡纯嘏"即"天锡大福"。后厅和偏厅天井上还有"天受百禄"字样,意思是宅主家世世代代有人在朝为官,享受官禄乃上天所授,这同"君权神授"的含义相同。那么,承志堂确可称得上是一座大富大贵的"吉宅"了。

砖木石三雕依附于建筑而存在。建筑与人朝夕相伴,作为徽派建筑重要文化元素之一的徽州三雕,除了视觉审美以外,在宣传儒家思想方面起到了潜移默化的作用,成为儒家文化教化的一种符号。儒家思想中的读书入仕、忠孝节义、中庸和谐等特征在徽州被演绎成一个个故事,定格成一幅幅三雕图画。三雕作品在表现儒家文化的本质特征时,采取的是深入浅出的表现方式,而不是说教,取材也都是普通老百姓喜闻乐见的戏曲唱本、文学故事、神话故事、名人轶事,手法含蓄,象征意味浓厚,所以也最容易被老百姓所接受、吸纳。徽州人从一生下来就生活在这样一种儒家思想的氛围之中,耳濡目染,每天都在进行精神陶冶浸淫。

儒家历来十分重视读书。在封建科举制度下,读书是为了取仕。徽州三雕作品中有很多是表现中举、及第的内容。如"五子登科""十八学士""状元及第"等。徽州民居的门窗经常雕有"冰裂纹""梅花图",或者两者合一为"冰梅图",其寓意就是"吃得十年寒窗苦,方能成为人上人",反映的就是读书做官的思想。

忠孝节义是儒家思想所提倡的道德准则，在徽州社会中，宗法思想的严格和对伦理思想的重视，使徽州人从小就接受这忠孝节义的教育。孝最基本的内涵是上孝顺父母，下传宗接代，所谓"不孝有三，无后为大"。因此徽州三雕的"二十四孝""多子多福"的图案较为普遍。体现忠孝节义的戏剧、文学故事在三雕作品中也比较常见，有三国故事、杨家将故事、罗家将故事、封神榜故事等，都是徽州三雕看重并着力刻画的。此外，尚有"诗教"题材，以唐宋名家名诗诗意创作的雕刻图幅。以石榴、麒麟寓意多子多福的作品，多见于窗格拦板、雕床画椅等处。其中象征子孙满堂的"累世同居图"，是徽州大家族中最常用的题材，体现出大家族几世同堂的荣耀，成为宣扬家族伦理的一种典范。黟县际联承志堂后厅横枋上雕刻的画面，就是唐朝张公芝的九世同堂的故事。

厅堂柱面所布置的木制或竹雕楹联，表达了主人的人生处世哲理。黟县西递村"履福堂"有 2 副楹联，其一为"世事让三分天宽地阔，心田存一点子种孙耕"，其二为"几百年人家无非积善，第一等好事只是读书"。前一副反映了佛家行善积德、福荫子孙的思想，后一副则是"万般皆下品，唯有读书高"观念的体现。

从一些宅第和书斋的匾额名称上可窥得主人的一些心态。屯溪著名徽商程维宗弃儒从商，在商海沉浮，至 60 岁时，遂致大富，家业富甲一方。但此时已心生倦意，乃筑一轩，名曰"知还"，表示自己退出商界、逸老还儒之意。休宁查道大，常在吴楚间贸易，正当生意红火时，幡然归里，独置一室曰"慎斋"，家人不理解，他说："天道忌盈，可以慎乎？"一些民居的庭院门楣上或刻或写有题额，除一部分为通用吉祥性句子，诸如"紫气东来""钟灵毓秀"之外，绝大多数都独具特色，或状景，或抒情，或明志。这些门楣题额或请名人手书，或主人自题，行、楷、隶、篆，风格多样。浏览其间，既可欣赏到书法之美，又可领略到一些哲理。如西递大夫第"作退一步想"门额、东园"结自得趣"额，颇令人深思。特别是题额配以门罩的砖雕，或门楣的石刻造型，有扇、书卷等，为整个村落制造特定的文化氛围起了不可忽视的作用。

徽州古村落中的风水理念、宗族理念、文化理念是一个高度融合的统一体，形成徽州古村落的特色。

第二节　人居环境营造

凡到过徽州山区的人，看见那隐于黛绿青山古树之间，与小桥流水相连的古村落，无不发出由衷的赞美。这种优美的人居环境的营造以风水文化作为指导，其中村落水口起到很大作用。"水口"是风水术语，指水流进村或出村的口子。河流自高往低流入村庄称"上水口"，流出村庄称"下水口"。上水口为"天门"，要开敞。下水口为"地户"，要封闭。古代，卜地定居建宅，叫"迁阳基"。阳基大部分都在两山之间的盆地，绩溪民间称"湾"或"凼"；还要选择水流流过村末处有一座如同弯曲的手臂那样伸展开的山坡，最好是河流两岸都有。这样的自然形势，就像一个巨人用双手抱护着村庄一样。河流通过山坡的出口处，就叫水口。水口山势，越窄逼就显示水口越紧。如果河流两岸，有两座或三座山相对而出，就构成两层或三层水口。水口紧的阳基，有关顾、保障、聚财、发丁、地灵人杰的内涵。没有水口的村落一般在村末适当处，砌一大坝，坝上栽树，或并浚深池，作为水口，以填补地理环境上的缺陷。村人于水口，或因弥补其缺陷，或因增添其胜概而兴水口建筑，如桥、庙、亭、阁、园林等。

　　古徽州凡有村落即有水口，著名的水口有万安水口、碣田水口、南屏水口、槐塘水口、晓起水口等。

　　万安水口位于休宁县万安镇，万安镇依伴钱塘江上游的水运干道横江，是徽州重要的水陆码头。镇东古城岩为其水口，山下江水清澈，游鱼成群，一座石桥与南岸相连。对岸桃树成林。古城岩山不高，明嘉靖年间在山巅建楼阁式砖塔一座，以镇锁水口。依山傍水还建有"半亭""魁星阁"等建筑，供人休憩。

　　碣田水口位于歙县碣田村，左侧依山，右侧临水，水名竺溪。有石桥横跨水面，名普济，桥畔接一小桥，石砌、单孔，名金桥。衔接金桥有抵村石径，青石横铺密砌，名银路。2株巨大红枫夹路相对斜出，枝叶繁交，蔚然上封路口。沿溪一排枫树篱笆长达百米以上。普济桥东岸之东北垒起土丘，有屋宇似殿非殿，名金武殿。殿左侧亦垒土丘，上立7层宝塔，实心，高5米许。殿之右侧建一路亭，名六丫。建亭时，曾埋铜钱40余斤以作亭基。

南屏水口在黟县南屏村，有古桥、文昌阁、雷祖殿、观音楼以及一大片古树林，形成村中一处赏心悦目的休憩之地。万松桥，三孔石桥，始建于清朝乾隆末年，文学大师姚鼐曾留下《万松桥记》，并在两侧留有"万松桥"的手笔。文昌阁雷主殿大门联曰："有功德于民则祀，能正直而一者神。"万松林是一大片苍老挺拔的古树林，村中有人外出家人必送至此，而游子归来看见古树林就意味着到家了。

槐塘水口位于歙县潜口村（今属徽州区），该村有九条道路入村，谓九龙进村，九条道路各有水口。其东面连接棠樾村之石板大道上，有状元丞相坊一座。坊下左有绿梅，右有红梅，皆古梅。坊前有青石围栏水池一座，中植荷花，名清木池。坊之右为一条大堤，红石为基，堤上间植梅花、紫荆。中置一亭。坊之左侧为一丘陵，名太师坟，上古树参天，为水口林。过牌坊为青石大道，两旁十步一梅，品种各不相同。入村为御书楼，楼前一口石塘，塘边古槐三株，可能村名即由此而来。向西通岩寺之道，村口有山，

名师山，古树葱茏，并有古庙、石亭、泉水、石桥等。其通唐模之道，有紫竹庵。向北一道，村口有"龙兴独对"牌坊，录有元末明初村人唐仲实与朱元璋问答语录。其他各道水口也都建有庙、亭等建筑。

晓起水口位于婺源县上晓起村，左靠山咀，右临清溪，巨樟夹岸，林荫蔽日。花亭式的文昌阁立于道口，供行人小憩或登楼览胜；其两侧，三宝庙金碧辉煌，品池院清静幽雅，路底清流筑以石碣，水漫波平，流碧泻玉；路沿高岸，临溪筑石栏围护，借以凭瞰碧潭，观赏鱼跃。下晓起村水口，处两溪汇合处。道旁古樟、古枫成行，浓荫下嵩年桥古色古香，眷桥庵供行者徘徊反顾。石径铺坡，栏杆回护，供人扶栏拾级而上。

水口属于公共空间环境营造，是开放式的，园林和庭院则是属于私密环境营造。徽州园林多在紧邻住宅的有限面积里，结合地形，运用各种造园手法，布置得山石玲珑，水面迂回，建筑小巧，显得清新淡雅，幽静曲折。同时因传统营造方法、造园材料、花木品种不同，更受生活习俗、文化风情、生产方式等影响，形成不同于其他园林流派的独具特色的徽派园林艺术。

徽州山水迤逦、丘陵起伏，往往制约着徽州园林的范围、格局、体式。因此，依山者则靠山采形，傍水者则就水取势，顺应自然就成为徽州园林的一大特色。这一特色的精髓就是师法自然，即依据徽州地理环境因地制宜，就地取材，重视工巧，以便更好地发现和拓展造化的天性。

徽州园林处于地少形狭、山高水长的皖南丘陵地带，必须充分利用自然环境的优势。其空间虽较小，但构筑上要求小中见大、以一当十，即从广度、体积上施展其功能，以质优发挥其效应。徽州民居往往利用置于前庭、后院或楼两侧的庭院巧妙设置小巧玲珑、布局紧凑、即步可吟、充满诗画意的庭园小品。其代表作为黟县西递村的"西园"。庭园以墙分隔成前园、中园和后园。园与园之间通过用青石做框，以青砖砌成长方形漏窗，相连通的圆月形、秋叶形、八边形门洞，使得整个庭园景物处在"隔而未隔，界而未界"之间，达到虚实结合、情景交融的境界。徽州园林大都荫蔽在偏远宁静的农村乡间，静谧空寂，娴雅野逸，富于泥土气息。乡民安闲、愉快地品味着田园风光，观赏着水口园林和私家庭园，具有"天人合一"的独特享受。

徽州园林在"巧于因借，精在体宜"方面有着其地域环境的优势。因而在长于远借名山胜水之景装点自己之外，也擅于就近取景以使本园增色。青松翠竹，花木山石，绿嶂遮目，碧水映帘。这些独特的天然景色，为徽州所独有，故园林中所借之景乃他方所绝无。婺源的宋代朱氏园林，小池澄净，有亭翼然。青山峨峨，杨柳依依。凭栏观照，美景悉收眼内。黟县之培筊园、歙县之醉园等，均不乏近借之景。

其实，徽州乡村到处都有园林化的意境。

第三节　古建三绝

徽派建筑以宅居、祠堂、牌坊最具特色，号称"古建三绝"。

一、宅居

徽州古民居建筑是砖木结构，以木构架为主体，形成梁架和屋柱结合在一起的房屋基本框架，内部分隔也是木板、木屏门、木隔扇。屋柱基础较为简单，能在不同的山地、丘陵、河边灵活处理。木构架用墙体围护，墙体不承重，为了适应防火功能的需要，围护墙体均高出檐口成为马头式山墙。墙体或为扁砖，或为空斗砖砌成，外用白石灰粉刷。屋面用青色小瓦覆盖，屋脊和山墙顶部直排小青瓦，以备检漏时所需。采光均以内天井为主，很少有向外开窗户，或者仅在楼上对外开小窗，起到通风的作用。大门多有装饰，根据不同地位和等级，分别有门楼、门罩、门楣等不同形式。内装饰主要体现在木结构上，除屋柱外，都能雕刻装饰。

徽州古民居的基本定式为大厅、穿堂、四合和三间四种。这四种基本定式在具体实施中通过以廊、附屋等连接组合成灵活多变的住宅或住宅群体。

　　大厅在徽州民居中主要用于礼节性活动，如迎接贵宾、办理婚丧大礼等，平常也作为起居活动之处，它往往成为整套住宅的主体部分。大厅多为明厅，三间敞开，两根圆柱显示了大厅的气派。大厅也可用活动隔扇封闭，便于冬季使用。一般大厅设两廊，面对天井，但大厅的变化中又分为正中入口处设屏风门，日常从屏风门两侧出入，遇有礼节性活动，则大开屏风门。大厅的变化方式有由边门入口，则天井下方设客房；或者由正门入口，厅下设两厢房。

　　穿堂又名回厅，是"脊翻两堂"的前后厅组合，但后厅明显小于前厅。穿堂是指后厅而言，穿堂是由大厅进入内室的过渡建筑，小三间与大厅相背向，由大厅正面隔屏的两侧门进入，较正式三间要小得多，采光的天井也为窄长形。

　　四合式大多是人多的家庭居住，也可以看成是二组三间式相向的组合。具体还可分为大四合与小四合两种。大四合式是上厅与下厅相向，中间是大天井。上厅是三间式，但地坪较高，是为正厅。下厅也是三间式，但进深略浅，地坪较上厅低，上下厅两侧以厢房连接。楼梯间有设在厢房的，也有设在上厅背后的。大四合式上下厅均有楼层，层数可达三层。楼上围绕天井形成回廊，称为"走马楼"。小四合式的上厅三间与大四合式相同，下厅则是平房，进深浅，一般中间明堂不能构成厅，而只能作为通道，两个

小房间可住，也可作储藏室，天井较小，不设两厢，楼梯均在上厅背后。

三间式是民居中最基本的标准式，一明两暗，带厢房或不带厢房，有楼或无楼，楼梯在明堂背后，两间住房用木板分隔，窗户向天井，厢房用活动木隔扇，房门有的向明堂，有的向厢房，一般可以设两个房门随便使用。这种建筑定式均为居住活动用，使用最多、最广。在三间式的基础上也有五间式，但为数甚少，多为明代建筑，而且只能采取"明三暗五"的方式处理。

以上四种定式，在具体建筑中，只是尺寸大小稍有不同，一般都是标准做法，装饰则视经济条件而定。由于主要为内天井采光，这些定式组合灵活，各住宅之间可以紧挨相连。各定式组合大致可以分为五种类型。第一，独立三间、简易三间、带院三间。配以单披的厨房等附屋和畜圈、厕所等，而且厨房一边大都有一个小院落。第二，各定式串联，即大厅—穿堂—四合，在一轴线上，前后连接，也有大厅—穿堂—三间串联，或四合—四合串联、四合—三间串联。在成套的连接中，根据使用功能分别配以走廊和附屋（厨房、厕所、仓库、畜圈等）、院落、花园，构成许多不同的住宅形式。第三，定式之间并联，如大厅—三间横向连接、四合—三间横连、四合—大厅横连。这种横向并联往往日常活动都从三间或四合等居室直接进出，遇有礼节性活动便由大厅出入。第四，纵横均有连接，成直角形或近似直角形，或丁字形：大厅—三间—三间为串联，另一三间并联，或大厅—穿堂—横连三间、大厅—四合—横连三间。第五，自由不规律的连接。如大厅、三间之间以内廊结合，构成一组带附屋、宅院的建筑。此外，还可多套三间、四合式的纵、横连接，形成套套相通，但又相对独立的庞大住宅组合体。

徽派建筑的文化内涵，在民居的大门、院门的门额上得到充分体现。除一部分为通用的吉祥性词语如"紫气东来""钟灵""毓秀"之类外，大部分均结合宅主人的自我情趣，或状景，或抒情，各具特色，有直抒胸臆者，也有寓意深刻者。屯溪商界巨贾程维宗年迈后，题其轩为"知还"；西递村的胡文照在仕途得意时，于家乡建屋时便题"作退一步想"，为公共交通让出一尺多宽的地界。此外，如"桃花源里人家""井花香处""吾爱吾庐""亦园""半闲""浣月""枕石小筑""笔啸轩"等，体现了较深的文化层次，使情、景融合，起到了画龙点睛的作用。

二、祠堂

祠堂有宗祠、支祠、家祠等不同类型，建筑方面也有严格区分，不能随心所欲。宗祠为一族总祠，一般为三进，第一进称仪门，第二进称享堂，第三进为寝室。仪门又称门厅、过厅，祭祀时鼓乐之用。享堂是进行祭祖举行祭祀礼仪和宗族议事场所。寝室用于供奉祖先牌位。

支祠是族中一个支派的祠堂，因此在建筑规模上绝对不允许超过宗祠，一般只有享堂和寝室两进。家祠为一家或独家祠，通常与宅居相连，规模更小，非族中名绅或高官、富商不得建。

除了宗祠、支祠、家祠外，徽州还有一些特殊形式的祠堂。如行祠，专祀某名人，立祠处又不是名人故里，遂又称行祠，屯溪前园村有程灵洗行祠；女祠，专门供奉女性神主，棠樾村有鲍氏女祠"清懿堂"；专祠，专门祭祀某一方面德行显著神主的祠堂，棠樾村有"世孝祠"。

三、牌坊

徽州牌坊按功能分为门坊、功德坊、旌表节孝坊三类。门坊（或称街坊），多立于街巷口，如歙县郑村的"贞白里"坊；功德坊（或称科举及第坊），如歙县城内的"大学士"坊，黟县西递村口的"荆藩首相"坊，徽州区唐模村头的"同胞翰林"坊，歙县雄村的"四世一品"坊；旌表节孝坊，如歙县许村的"双寿承恩"坊，歙县棠樾村的"节劲三冬"坊。牌坊常建于庙宇、祠堂之前，或村头水口处，或跨街而立、骑路而建，与其他建筑物和自然环境在一起，组成了优美的文化景观。

徽州牌坊按建筑材质分为木牌坊、石牌坊和砖砌坊。明代以前的牌坊都是木质结构，由于木质结构不耐久，容易毁坏，出于纪念的永久需要和防止火灾的发生，木牌坊逐渐被坚固耐久的石牌坊所取代。木牌坊硕果仅存的是歙县城内斗山街上明代的"旌表江甫叶氏节孝之门"和昌溪村清代中叶建造的"员公支祠"坊。砖砌坊多结合门楼一起建造，以歙县城内清光绪年间集中表彰徽州府全部孝贞节烈的牌坊为代表。

徽州石坊都是仿木结构，其中的斗拱、梁柱、屋顶等细部做法尚保留着许多当时的木结构建筑特征。石坊有门楼式、冲天柱式和四面式三大类。早期石坊采用二柱三楼型制，至明弘治年间开始出现四柱三楼式，很快又被更高大的四柱五楼式所取代。明代后期出现的四面式，是徽州石坊造型上的一个重大突破。第一个实例是建于明嘉靖四十四年（1565）的歙县丰口进士坊，形似石亭，四面均作二柱三楼门楼式，形象丰满，比例良好。位于歙县城内的大学士坊是丰口进士坊的发展，在结构、造型、技艺上都有进步。四面式石坊只有徽州存在。

第四节　工艺特征和造型风格

徽州民居的内部基本格局为天井式布置，即由房屋和围墙组成封闭的空间，室内以南向厅堂为主、东西两侧厢房为辅，中间是东西狭长的天井，平面组成为凹字形。房

屋除大门外，只开少数小窗，采光主要靠天井。这种居宅往往很深，进门为前庭，中设天井，后设厅堂，两厢住人。厅堂后用中门隔开，设一厅两卧室。这是第一进。第二进的结构为一脊分两堂，前后两天井，中有隔扇，有卧室四间、堂室两个。第三进、第四进或者更多进，结构大抵相同。这种深宅里居住的都是一个家族。随着子孙的繁衍，房子也就一进一进地套建起来，故房子大者有"三十六天井，七十二槛窗"之说。一般是一个支系住一进。门一闭，各家各户独立过日子；门一开，一个大门出入，一个祖宗牌下祭祀。它生动地体现了古徽州聚族而居的民风。这种高墙深宅式的建筑，体现千丁之族未尝散居的民风，在国内是罕见的。

徽州民居的外观造型也颇具特色，除一般中国古建的低层、坡顶形式外，着重采用了马头山墙的建筑造型，将房屋两端的山墙升高超过屋面及屋脊，并以水平线条状的山墙檐收顶。为了避免山墙檐距屋面的高差过大，采取了向屋檐方向逐渐跌落的形式，既节约了材料，又使山墙高低错落，富于变化。这种做法原是为了防火，故俗称"封火墙"。马头墙运用广泛，组合形象丰富，参差错落，打破了一般墙面的单调，增加了建筑的美感。

徽州民居的梁架结构，横梁用料硕大，中部微拱，两端雕出圆形或扁圆形花纹，中段常雕刻成多种图案，通体显得恢宏壮美。立柱用料也很粗大，明代则常做成具有优美轮廓的棱形柱。梁托、瓜信、叉手、霸拳、雀替、斜撑、替木等大都进行镂雕加工，装饰以漂亮的花纹、线脚。屋房天井四周的檐下撑木多雕成各种神仙、人物、走兽，非常生动。梁架上的叉手和霸拳则多做成朵状，相互勾连迂回的流畅线条，飘逸俊俏，美不胜收。

在装饰方面，徽州宅居的三雕之美令人叹为观止，青砖门罩、石雕漏窗、木雕楹柱与建筑物融为一体，使建筑精美如诗，堪称徽式宅居的一大特色。砖雕主要装饰处为门罩、门楼、八字墙及马头墙的端部，多采取高浮雕、透雕和半圆雕的技法。木雕比砖雕使用的地方更多，一般多用于檐口、梁架、门窗、栏板和室内陈设。由于木质细韧，较砖易于加工，故木雕的刀工更为细腻，线条更为流畅，人物表情、衣褶更为清晰。石雕多用于民居厅堂的台阶、柱础和天井水池的栏杆。台阶的装饰比较一般，而柱础比较考究，有鼓形、筒形、瓶形、瓜形及覆钵、覆莲、覆斗等形。石雕艺术水平特别高超的，是配置于民居群体中的一些牌坊、祠堂和亭台等。

徽派建筑中民居是主体，但在祠堂、牌坊和其他亭台楼阁烘托下，其顶部造型的美感更能感动人。曾有人说过，中国古代建筑的艺术，其实就是顶部的艺术，歇山式、硬山式、悬山式、庑殿式等各种各样的建筑顶部造型令人叹为观止。徽派建筑群体中的顶部造型更别具一格，除了民居的马头墙以外，祠堂五凤楼屋顶轮廓线不是直线，而是

像鸟翼般展开的曲线，建筑学上称为翼角。五凤楼共有 10 个翼角，而且是成 5 对展翅，就像 5 对欲飞的凤凰，所以称这种建筑为五凤楼。另外，牌坊的冲天柱顶也很为徽派建筑顶的艺术增添魅力。

除了顶部造型外，徽派建筑的立面造型也很别致，户与户之间的墙壁凹凸不在一条直线上，倘若是山边村落，高低参差不齐，马头墙也是高低不一。配上各家各户飞檐翘角、雕刻精美的门楼，给人一种自然的美感。

徽派建筑的这种来源于环境、序列和建筑本身的比例、尺度、韵律的和谐，以及利用雕塑、绘画、园艺、工艺美术等其他艺术门类来加强本身艺术品位的手段，成为其特色。

徽州古村落借用风水学说的外衣，巧妙地利用徽州山区地理环境，使建筑物与山水融为一体，真正体现了完美的"人居环境"，是中国传统民居建筑的典范。这种利用自然、改造自然，又通过建筑装点自然的建筑空间理念，正是徽派建筑的精华所在。我们在现代建筑规划设计时应该吸收这方面的优点，尽量使建筑物与山水自然环境融为一体，显山露水，体现建筑与自然的关系。黄山风景区云谷山庄是继承徽派建筑巧妙利用自然环境的代表作品。山庄占地面积 9000 平方米，由中心楼和停云阁、竹溪楼、枕石轩、松筠堂等群楼组成，其间有庭院花园相分隔，又有景窗长廊相贯通，抬头可见群峰簇拥，四周竹林青翠，溪流潺潺。

徽州古村落中的宗族理念，使一个村落中有数个或数十个祠堂，每个祠堂都有一片空旷的广场，给密密匝匝的建筑群中注入一种空灵之气，也给村居百姓以活动的场所。试想在冬天的阳光下，人们在祠堂广场前休闲，老人们或下棋或斗鸟、斗鸡、聊天；孩子们在追逐嬉戏；妇女们在纳鞋、谈笑，那是一种何等惬意的场景。同时祠堂本身就是村人聚会议事和娱乐（祠堂古戏台）的场所。徽州古村落实际就是现代社区概念。因此，我们现在进行社区规划时，留一些公共活动绿地，建一些公共活动娱乐设施，更能体现人居环境中的人际融洽关系，也能给密密匝匝的建筑群带来空灵之气。近几年来屯溪区昱中花园、世纪广场、滨江公园等城市绿地的建成，使黄山城市建筑风貌为之一变，城市空灵了，这同徽派建筑整体空间布局一脉相承。

文化能体现一个城市、一个社区的品位，徽派建筑的品位就表现在文化理念上。当我们在规划一个城市、建设一个小区时，应该在文化品位上下功夫，借用雕塑、绘画、园艺、工艺美术等其他艺术美学手段，制造文化氛围。徽派建筑通过砖、木、石雕和楹联、门额创造了一种儒家文化氛围，现代建筑也可以通过社区建设中的雕塑、装饰等艺术手段渲染社会主义精神文明，在不知不觉中达到教育人的目的。

第十章
徽州文化核心理念与当代价值

徽州文化处在中国历史文化交汇点上，是中原汉文化由北向南推进的沉淀区，是中华礼教由上层社会向民间基层转移的典范区。在沉淀中原汉文化和践行儒家礼教的过程中，徽州人也在不断地塑造自身的人文精神，推进徽州文化的发展。徽州文化是中华优秀传统文化的典范，其所体现出来的思想观念和学术价值，对理解习近平总书记文化思想具有参考价值，对塑造当代社会主义核心价值观，坚定文化自信，有着十分重要的意义。

第一节　徽州文化的核心理念

徽州文化核心理念由"包容、探索、和谐"三个方面构成。

一、兼收并蓄的包容精神

徽州文化形成的过程，是中原汉文化与当地土著越文化融合的一个过程。文化融合是一个选择的过程，弱势文化总是要被强势文化所同化，问题是要看强势文化对弱势文化包容性如何，只有包容性强的文化才能产生更具生命力、更先进、更有活力的新文化。在徽州文化的形成过程中，汉文化是强势文化，正是汉文化的包容性，促进了与越文化的融合，从而产生出新质的徽州文化。同时徽州文化也成为更具生命力、更先进、更有活力的新文化，在明清时期迎来它辉煌灿烂的高峰。

这种包容性，在徽州文化发展过程中贯穿始终，成为徽州文化特色。如徽剧声腔就是在广泛吸收弋阳腔、昆腔、秦腔等唱腔优点的基础上形成的；在表演上继承了目连戏翻台子、跳圈、串火、飞叉、滚打、变脸等武打和杂耍技巧。新安画派对米友仁、倪瓒、黄公望画风的汲取，新安版画熔诗文、书法、印章和图画于一炉。这些都是包容性的体现。在艺术形式上也是互相交融。版画用线描手法勾勒黄山峰峦岩石质感和黄山松的遒劲，同新安画派重写实、不轻点染、简洁清晰的画风相近。三雕艺术中的各种戏文内容，渲染突出了徽州戏曲氛围，推进了徽州戏曲艺术的发展。

二、实事求是的探索精神

求是的真谛就是不懈求索，勇得时代风气之先。徽州文化的发展过程中，徽州人一直遵循实事求是这一原则，博学求知，努力探索规律，追求真理，勇得时代风气之先。

南宋朱熹师承当时的洛学一脉"南剑三先生"李侗的教诲，开创闽学，集理学之大成，强调读书明理。

清代思想家戴震，虽然所处时代人称"康乾盛世"，但封建统治者已经把理学僵化和扭曲为对人民的残杀工具，戴震代表新兴的平民阶层，发出"体民之情，遂民之欲"的呼喊。戴震对后儒理学的审视和批判，是中国社会由古代迈入近代前夜迸发出的世纪曙光。戴震代表新兴平民阶层对理想和谐社会的憧憬和追求，上承孔孟"大同世界"的美好理想，让后来许多站在时代变革门槛上的资产阶级革命家为之振奋。

五四新文化运动的领袖人物之一的胡适，站在中西文化的制高点上，对中国封建社会的衰朽腐烂深恶痛绝，他要"重新估定一切价值",义无反顾地推进白话文革命,为了民主和自由,为了中国文化的新生,不懈奋斗了一生。

伟大的人民教育家陶行知,最重要的一点就是抓住一个民族发展的根本:国民教育,人的文化素质的提高。徽州历史的繁荣,前提在徽州教育的兴盛。陶行知一生致力平民教育,其生活教育理论的创立,是教学做合一的伟大实践。

戴震、胡适、陶行知都是不懈求索、勇得时代风气的典范。

具体地说,实事求是的探索精神也是徽州人治学的指南,它强调做学问必须以真实的材料为依据,从其中得出真实的结论来。南宋学者休宁程大昌为《元和郡县图志》作序,认为编写志书应该博览群书,互相考证,不要认为前人有记载就是对的,这一思想对后世方志编纂有很大影响。

徽派朴学的经学研究,采用的是一种实证的求知方法,也是实事求是的治学方法。当后人接触古代典籍时,由于语言文字的变迁和书简的讹误,有的地方已难以理解,必须通过文字、音韵以及校勘的方法来通晓它,必须根据事实的考核和例证的归纳,提取可信的材料,得出科学的可信的结论。戴震研究地理,相当仔细,段玉裁曾见他画的地图,用白纸红格计算里数,极少差误。程瑶田提倡"用实物以整理史料",也是实事求是的体现,走出传统史料学同博物考古相结合的新路。

三、儒雅中庸的和谐精神

徽州文化是宋以后中国儒家文化在民间社会最完整的体现和典范，其儒雅中庸的和谐精神表现得淋漓尽致。

"中庸"是儒家思想的核心，所谓"中庸"，就是不偏不倚。就像我们手执一根棍棒，既不执其上端，也不拿其下端，而是握中间，这样就不容易滑脱。《中庸》还强调"天人合一"，即天道与人道合一、理性与情感合一等。

徽州文化充满了"中庸"思想。比如徽州商人，明万历《歙志》有一段"廉贾"的议论，很有意思，说的是清廉的官吏，可以做得长久；虽然只靠有限的俸禄，但时间积久，长期积累下来，也富裕了。如果是贪官，一旦被抓，前功尽弃，而且有可能连性命都丢掉。以此推论，不贪心的商人平稳经营，可以长期守业，时间一长，也就富有了，所以说"廉贾归富"。后人将"廉贾"解释为不贪眼前小利而谋长远厚利的商贾，这就是"中庸"之道。

"薄利多销"是徽州商人的重要经营手段之一，自己少赚些，让消费者不吃亏，这也是"中庸"思想在商业领域的一种表现，双赢。徽州商人孙从理在吴兴县经营典当业，取息仅一分。由于息低，顾客盈门。薄利多销在徽州商人中，不是个别现象，而是一种普遍的经营方式。《休宁县志》记风俗时就指出，商人"居贾则息微"。薄利促进多销，利润自然滚滚而来。另外，所谓"以诚待人""以信接

物""以义为利"，讲的都是儒商道德。

在处理宗族与宗族之间的关系上，南方如广东、福建、湖南等地，宗族间经常发生械斗，一斗起来，几村甚至几十个村落互相殴斗，场景极为惨烈。但徽州宗族在"中庸"思想的指导下，和睦相处，很少发生械斗。就是宗族间有了矛盾，也是协调处理，互相谦让。

在艺术上，也是讲究温文尔雅，中庸平和。就是在翻天覆地的改朝换代之际，文人思潮也是"哀"多于"怒"、"悲"多于"愤"、"隐"多于"叛"。新安画派的苍凉、冷漠、幽寂的意境，醇正简明的笔法成为中国文人画发展的一大高峰，是儒家思想在绘画艺术上的典型表现。刘海粟曾说："就人品艺品而言，黄山画派代表人物均高于扬州八怪、金陵八家"，就是从儒家正统的角度来评价的。徽州篆刻也以雅逸隽秀、平和光洁作为追求目标，也是以儒雅为宗旨。徽派版画线条纤丽秀劲，一丝不苟；构图富丽精工，繁而不密；印刷绚丽多姿，精美绝伦。这一特色，内蕴的精神境界，给人以恬静和安乐。郑振铎曾说，徽州版画给人的感受是"温柔敦厚"，一点"剑拔弩张"之气也没有，这其实就是儒雅中庸的一种表现。

兼收并蓄的包容精神体现了徽州文化的博大气象，是徽州文化得以发展的源泉；实事求是的探索精神体现了徽州人的思辨能力，是徽州文化得以不断创新发展的动力；儒雅中庸的和谐精神，使得徽州社会平稳安定，是徽州文化不断发展的基础。

第二节　徽州文化的学术价值

一、封建社会后期农村社会实态的范本

徽州保存下来的地面文物遗存将近 10000 处、文献 8000 余种、文书 100 余万件，跨越千年历史，涵盖政治、经济、文化各个领域，尤其地面文物遗存、非物质文化遗产和文书档案，均为第一手资料，是人们了解中国封建社会后期农村社会实态不可多得的资料，为按历史本来面貌做综合实态研究创造了前所未有的有利条件。中国社会科学院历史研究所周绍泉指出，以徽州文书为代表的历史文书档案为主要资料，综合研究历史社会实态，将是我们这个时代的学术潮流。

二、封建社会后期传统文化的典范

徽州文化是中国封建社会后期传统文化的典范，所涌现出来的学术、艺术流派和商帮，独树一帜，在各自领域都处于领先位置。新安理学、徽派朴学、徽派建筑、新安画派、徽派版画、徽派篆刻、徽剧、新安医学、徽菜、徽派盆景等流派和徽商，是徽州文化中的精华，学术界在研

究专业史时无法绕开这些课题。经济领域，徽商在明代中叶后至清道光年间，独领风骚 300 余年。思想领域，新安理学、徽派朴学是 12 世纪以后中国哲学史和学术思想史的缩影，它对中国封建社会后期历史的发展，特别是对明清时期徽州社会的发展产生了巨大的影响；戴震把对理学的批判与对封建特权的批判紧密地结合起来，建立起一套具有人道主义意义的人性理论，被称为启蒙主义者。科技领域，新安医学注重师承、家传，崇尚医德，追求德艺双馨，形成了一些学有所传、业有所精的医学世家，其所主张的"固本培元"理论，是中国传统医学中的精华。艺术领域，新安画派是中国山水画苑中的一朵奇葩，作品体现出的那种超尘拔俗和凛若冰霜的气质，意境深邃，是明清文人画的正统继承者；徽派版画代表了中国传统版画的最高成就；徽派篆刻是中国文人流派篆刻的主流，一部徽派篆刻史，几乎就是中国文人流派篆刻史；徽剧乃京剧之母；徽派建筑精美如诗，堪称中国传统宅居中的精品，已被列为世界文化遗产。因此徽州文化研究，实际也就是对中国封建社会后期传统文化的研究，窥　斑而见全豹，具有普遍的学术意义。

三、地理文化单元的人类文化学研究价值

徽州四面环山，作为一个独立的自然地理单元，风景秀丽，人们的审美观自然受到山水环境的影响。徽州四雕

艺术、文房四宝艺术、盆景艺术、新安画派等，就是徽州自然环境同徽州人审美观相结合的产物，而徽菜、徽州方言的形成，同徽州独特的自然地理环境及资源有关联，徽州宗族社会构成和村落结构，同徽州地理环境也有关系，具有地理文化单元的人类文化学研究价值。

四、文化融合规律的研究价值

新安江流域史前文明从 4 万多年前的建德"智人"，到众多的旧石器时期遗址、新石器时期遗址，大量的商周至春秋战国时期的考古发掘，自成系统且具有特色，体现了新安江流域史前文明的高度发达。尤其新安江下游的建德地处新安江和富春江交接带，靠近越文化核心区，其文化既具有徽州文化特点，又带有良渚文化特色，体现了徽州文化与良渚文化融合的趋势，对河系流域上下游文化碰撞、交融的研究，具有重要价值。

徽州文化是一种移民文化，首先表现在徽州社会、人口、文化的本身原就是由移民而形成，由此决定了其社会与文化的诸多现象和特点都受移民问题决定、影响。其次是徽州文化的昌盛与发展，本身还存在着一个由徽州本土再向外移民的问题，并对侨寓地的文化产生影响。如徽派朴学、徽剧、新安画派、徽州刻书、徽派篆刻等对扬州学派、京剧、江南园林、江南版画、篆刻都有渗透和影响。研究徽州文化，可以获得中华大文化融合各民族文化、各地方文化的一般与个别规律，为当代建设繁荣兴盛的中华大文化做出贡献。

五、基层社会自治的借鉴

徽州是宗族社会，当地农村基础全部都是依靠宗族自治管理，有不少好的做法。现存不少宗族公约中有值得令人学习和借鉴的条文，如禁止乱砍滥伐和禁止赌博等。从内容上看，它符合我们今天所提倡的环境保护和社会文明；从实施机制上看，它不是依赖于行政系统，而是靠公约的形式自我约束。这给我们建设社会主义新农村带来启示，村民自治要以农民为主体，要提高农民的自觉意识，而不能仅依靠行政手段。徽州文书中的商业合同，反映了徽州人市场观念的成熟；分家契约反映了徽州人既遵从中国传统的伦理观，又理性地处理家庭财产等经济问题；诉讼文书，反映了古代徽州民间已经有较强的法制观念。

第三节　徽州文化对干部队伍建设的启示

文化是一个国家、一个民族发展中最基本、最深沉、最持久的力量。中华民族素有文化自信的气度，对自身文化保持坚定信心和强烈认同。回望历史，绵延不绝的中华文化历经千年风雨、万般淘洗，滋养了伟大的中华民族，并为人类文明进步作出不可磨灭的贡献。

凡益之道，与时偕行。以中国式现代化全面推进中华民族伟大复兴的新征程，既是物质更加富足的过程，也是文化更加发达的过程。2023 年 10 月，全国宣传思想文化工作会议首次提出"习近平文化思想"的重要概念，并要求宣传思想文化工作要围绕在新的历史起点上继续推动文化繁荣、建设文化强国、建设中华民族现代文明这一新的文化使命。广大党员干部要顺应时代潮流，坚持党的文化领导权，坚持守正创新，自觉担负起新的文化使命。

作为中国传统文化典型标本的徽州文化，必将在新时代新征程通过创造性转化与创新性发展的嬗变，为党的新的文化使命焕发生机。2017 年初，中共中央办公厅、国务院办公厅公布《关于实施中华优秀传统文化传承发展工程的意见》，把"修身齐家治国平天下"放到中国传统文化"核心思想理念"这一章的首位。徽州文化的核心是儒家思想，徽州文化的价值观是"修齐治平"，修身就是加强自身修养，提高自身素质，爱国、尽职、自律。这对新时代新征程培养造就担负新的文化使命，担当强国建设、民族复兴重任的高素质干部队伍具有重要启示。

一、忠诚爱国是维护中华民族的精神支柱

"忠"是儒家思想中的重要内容之一。古人言："尽心

于人曰忠，不欺于己曰信。忠者，德之正也，惟正己可以化人。故正心所以修身，乃至于齐家治国、平天下。"而尽忠者，必能发挥出最大的智慧和才干，因为公生明，偏则暗。朱熹在政治上强调崇尚风节，对徽州文化的影响很大。

徽州文化中"忠"的概念首先是忠诚爱国。明正德年间，婺源人汪鋐任广东提刑按察使。其时，佛朗机（葡萄牙）驻满剌加总督派安达拉率军舰前往中国，侵入屯门港，劫夺财货，并在屯门等地营建据点，树碑立石，以图永久占据。朝廷令汪鋐率军驱逐屯门佛朗机入侵者，汪鋐接到朝廷的命令后，在南头设立海防前线指挥部，具体部署与佛朗机进行决战，爆发了我国与西方殖民主义入侵者的首次战争——"屯门之役"，明军大胜。屯门海战有效地抑制了佛郎机对中国进行扩张的野心，保卫与维护了国家的安全与尊严。屯门海战是中国历史上与葡萄牙入侵者的第一次交战，屯门大捷是中国人民反抗西方殖民者的第一次成功的战例。汪鋐抗葡卫国的事迹，受到南头人民的钦佩，当地《重建汪公生祠记》载："公以儒发身戎务，若非素习，一旦挺身行阵，摧数百年未睹之强寇，岂偶然者哉！公生平忠义自许，赐历中外，始终一节。"该祠前殿于抗日战争时期为日寇拆毁，现仅存后殿，1988年由深圳市人民政府公布为市级文物保护单位。现在深圳南山区古城博物馆内，陈列电子演示明朝汪鋐大战葡萄牙的故事，中山公园内有汪鋐雕像。

明嘉靖年间，绩溪人胡宗宪担任兵部左侍郎兼都察院左佥都御史，总督浙江、南直隶和福建等处军务。其时，东南倭寇肆虐。胡宗宪了解倭情，有针对性地制定御倭战略战术。严明赏罚制度，大力整饬军纪。先后取得王江泾、平望、横泾、陆泾坝、龛山和清风岭等战役的胜利。又广泛招徕各方英豪，将名将戚继光、俞大猷、卢镗、汤克宽等和著名军事理论家、文学家唐顺之、徐渭、茅坤以及军事地理学者郑若曾等人延揽至自己麾下，鼓励浙直总兵俞大猷、浙江台州知府谭纶、浙江都司参将戚继光等积极操练乡兵。其中，戚继光以浙江义乌乡勇和处州矿夫为主体训练而成的"戚家军"最为有名，先后九战皆捷，成为名副其实的抗倭精锐之师。胡宗宪调兵遣将，先后在淮安、扬州地区屡败倭寇，取得淮、扬大捷，荡平江北倭寇；又遣戚继光、俞大猷、张臬、刘显、谭纶等将官先后在江西万年的上坊、广东三饶、广东潮州程乡、福建平海卫等地大败流寇、山贼，赣、闽、粤倭患以次渐平。胡宗宪被誉为明代"抗倭第一人"。

在王茂荫身上，爱国思想也体现得淋漓尽致。他曾慷慨陈词："现在逆贼肆乱，我国家列圣深仁厚泽，沦洽人心。今上圣明英武，自当指日荡平。然在事诸臣多不足恃。自揣不能出力杀贼，万一或有他虞，唯有以身报国，诚知不足塞责，然才力有限，舍此则恐有辱国辱身之患，故不能作他想也。"（王茂荫《家训和遗言》）在王茂荫的奏折中有不少专门针对外国侵略者的折子，如《条陈夷警事宜折》《论夷战水不如陆片折》等。咸丰八年（1858）三月，英法联军到达天津大沽口，想要逼迫清政府签订新的不平等条约。当时清政府处在内忧外患之中，朝廷一片混乱，主战主和相持不下。王茂荫则向咸丰皇帝建议提早在北京设防，认为"天津距京才二百里，无天险可扼……城内似宜严加防守"，表现出对外国侵略者的高度警惕性。

其他如以身殉国的抗清志士金声、江天一，反对卖国条约、奋起游行示威的爱国青年徐英、刘和珍，宣传人民大众、推动抗战救亡运动的共产党人张曙、吴承仕等，均怀着忧国忧民的深情大爱，怀着国泰民安的理想追求，展示出感天动地、可歌可泣的爱国情怀。

忠诚爱国是中华民族精神最稳定的文化基因，是维护中华民族的精神支柱。自古以来，舍身为国者荣，卖国求荣者耻，一直都是国人普遍认可的道德标准。对于当代社会而言，爱国主义是中华民族继往开来的精神支柱，是实现中华民族伟大复兴的强劲动力，是维护祖国统一和民族团结的坚强纽带，也是每个公民实现人生价值的力量源泉。尽管时代变迁，但是优秀文化总是一脉相承、历久弥新，所以当今时代倡导的爱国主义，完全可以从文化的传承中寻找源泉，从社会的进步中汲取力量，从而激活我们情感的积蓄，启动我们心灵的共鸣，进一步焕发追逐梦想、报效祖国的进取精神，让国家统一、民族复兴的宏伟蓝图早日成为美好的现实。

二、勤政敬业是报效祖国的实际行动

在徽州人的理念里，"忠"的概念，除了爱国，还有忠于职守。绩溪《华阳舒氏统宗谱》指出："忠，世人释褐而登朝，孰不曰：显亲扬名哉！然曰：显亲诅，徒食禄天家。曰：扬名诅，徒策名仕版。惟有惓惓之忠爱，令芳名不朽，荣及先人，此真可为显亲扬名矣！然所谓忠者，又岂仅捐躯殉国而已耶？凡分献宜力竭不遑，恪恭厥职不二。不欺无崇卑，内外总皆公尔，忘私国尔，忘家如诸葛武侯所云：鞠躬尽瘁，死而后已，此乃所谓忠臣。"这段话的意思是，忠不仅是进朝做官显亲扬名、报效国家，也不仅仅是捐躯献国，同时也是恪尽职守、忘记私我、鞠躬尽瘁、死而后已。

王茂荫在考中进士，上京赴任时，他的祖母方氏告诫他说："汝宜恪恭尽职，毋躁进，毋营财贿，吾与家人收吾家风，不愿汝跻显位、致多金也。"（李宗昉《诰封太宜人王母方太宜人传》）要求王茂荫恪尽职守，不要成天想着受人贿赂，贪图钱财。祖母不想看到他官越当越大，钱越来越多。王茂荫终生谨记祖母教诲，严格自律，勤于政事，鞠躬尽瘁。

王茂荫先后在户部、兵部、工部、吏部任职，并担任过御史、都御史，除了礼部和刑部，几乎将中央职能机构都经历了个遍。为官三十多年，王茂荫无论在哪个岗位上都是勤勤恳恳地做好本职工作。恪尽职守，成为王茂荫人生品格中最朴实、最闪光的地方。咸丰元年（1851）任陕西道监察御史期间，对户部为了筹饷开捐纳举人、生员，王茂荫上疏力争，认为："筹饷之法，不徒在开源，而在于善用。委诸盗贼之手，靡诸老弱之兵，销诸不肖之员弁，虽日言推广捐输，何济。"又上奏称："银票亏商，银号亏国。"对王茂荫的谏言，《清史稿·王茂荫传》称"其言皆验"。

　　勤政必须敬业，熟悉业务，成为行业专家，才能真正做好所分管的工作。成为行业专家的唯一办法，就是学习，注重在干中学、学中干。咸丰二年（1852），王茂荫奉命与左都御史花沙纳议定钞法，于是研究货币理论，主张钞币可以兑现。王茂荫的兑现主张虽然没有被朝廷接受，但他认真负责、恪尽职守的工作作风却是得到了咸丰皇帝的赏识。次年（1853）十一月，升任户部侍郎，兼管钱法堂。其后，清廷为了进一步挽救财政危机，又铸当百、当千大钱，导致严重的通货膨胀。出于职责，王茂荫坚决反对这一切，一再上疏指陈其弊，反对清政府的既定政策。咸丰四年（1854）三月初八日，咸丰皇帝出于维护朝廷尊严，对王茂荫进行了严厉申斥。虽然对王茂荫进行了申斥，但咸丰皇帝对王茂荫的工作态度，其实还是有好感的。王茂荫受申斥的第四天，就降旨补调兵部右侍郎。

王茂荫在任何一个岗位上都有出色的表现，因为他想的是国家，考虑的是国计民生，思量的是对与错。不计较得失，不迁就错误，不标榜自己，有一说一，实事求是。满腔忠诚，毫无私念。纵观王茂荫的工作实录《王侍郎奏议》所收奏折，内容涉及财经、军事、人事、外事、刑事、民政、工赈、谏言等各个方面，而且均能言之成理，是他恪尽职守、殚心积虑的成果。江苏巡抚吴棠评论《王侍郎奏议》："前后奏疏不下十数万言，初无惊奇可喜之论，得至事后核校之，一一如烛照龟灼，寸量而铢计。棠盖反复推究，而后知公之深虑远识，不以空言为尝试，而必求于至当之归，其用心尤不可及也。"《王侍郎奏议》涉及王茂荫有关理财、人才、管理、政治思想等各方面的论述，但《王侍郎奏议》并不是学术论著，而是王茂荫的工作报告，由此可见王茂荫勤政敬业的真实业绩。新时代新征程，广大党员领导干部当以勤政敬业推进强国建设、民族复兴之伟业。

三、廉政建设通过自律实现

自律就是自我约束，表现在生活的点点滴滴之中，廉政建设只有通过自律才能实现。道德是素养、品性、品质，是一种社会意识形态，是人们共同生活及其行为的准则与规范。王茂荫为官一生，廉洁奉公，崇尚俭朴，过着粗衣粝食的生活。在京城为官三十余年，未置房产，一直寄居在歙县会馆。一生严以责己，宽以待人。对儿孙辈管教甚严，次子铭慎曾一再北上省视，王茂荫辄令其下帷读书，不准其干预外事。告诫儿孙们："莫看眼前吃亏，能吃亏是大便宜。此语一生守之用不尽。"他曾为自己祖母方氏的亲眷水云先生夫妇六十花甲做过一首贺诗，诗曰："我不用金迷纸醉之屏联，我也不用交黎、火枣之花诞。怀中只有诗一首，尊前还有一张口，将进酒先且说诗，好令先生无辞。"描金寿联，交黎、火枣等仙果，是奢靡的象征，王茂荫不送，只是以诗为寿，可见王茂荫反对奢侈的本心。

在太常寺少卿任内，王茂荫曾上疏保荐清河知县吴棠为邳州知州，后吴棠官至四川总督。为了感谢王茂荫，吴棠派亲信持五百两银子馈赠王茂荫，被王茂荫谢绝，并回函称："保举，公也；涉于私，则不足道也。"体现了王茂荫严以律己的高尚情怀。王茂荫的清廉俭朴，受到人们的一致称赞。他的学生，后任台湾兵备道员的吴大廷称："先生孑然一身，清俭朴约，非如世之矫激以沽名者。"

王茂荫的自律，不仅体现在生前，对自己生后的事宜，亦交代儿孙，不得张扬。其一是亲属不要为自己写传记，因为他知道，自己既然已经官至二品，无论如何国史和地方志中必然都会有一笔，褒贬自有公论。若亲属为自己写传记，恐有徇私褒扬之嫌疑。其二是不要入乡贤祠，明清时凡乡里德行高尚为地方所推崇者，死后由乡里士绅推荐请祀于其乡，入乡贤祠，春秋致祭。王茂荫认为"我之人品，自问止算中等人，存心不敢做坏事，而未免存惧天谴、畏人言之心。立意要做好事，而实徒抱智术疏、才力薄之恨，非独经济不足言，即在宗族乡党间亦未有甚裨益。圣贤门前固未可见，即理学诸先儒无所为而为善，无所畏而自不为恶，与夫敬事、慎言、明礼、达用都无一毫功夫"，并要求子孙"倘他日有议从祀朱夫子及从祀乡贤者，儿辈必力行阻止，告以我有遗言，断断不敢从命。我若入此中，必至愧死，儿辈若违此言，以大不孝论"。其三是不得将自己的文字刊刻成书，公之于世。他觉得自己所作诗和应付科举的八股文都不足以传世，刊刻行世，不啻贻误后人，"日后有将此等诗文混行刊刻者，以不孝论"（王茂荫《家训和遗言》）。当然，对自己恪尽职守殚心积虑写出来的奏疏，他还是看得很重的，认为"于时事利弊实有切中要害处，存以垂示子孙，始知我居谏垣，蒙圣恩超擢，非自阿谀求荣中来"，但也只是"惟止可传家，不可传世"。由此可见，王茂荫的自律行为几乎达到对自己苛刻的程度，完全是一种由心的修身自觉。

当代社会中的一些人在交往过程中，往往用较高的道德标准衡量对方，不能够严格要求自己。培养自律意识，动机至关重要。王茂荫曾说："凡人坏品行损阴骘，都只在财利上，故做人须从取舍上起。"他认为一个人的品行不好，动机大都出于贪心。如果遇到与自己利益相关的事情，想到公正合宜的道理，就会自律，就不会去做有逾本分的事，廉政自在其中。广大党员干部队伍不仅要做到廉洁自律，还须公而忘私，坚持以人民为中心，时刻牢记初心使命。

新时代新征程，培养造就堪当强国建设、民族复兴重任的高素质干部队伍，就要汲取徽州文化中的优秀传统，把忠诚爱国体现在贯彻党中央决策部署的行动上，履职尽责，做好本职工作。要学习王茂荫勤政敬业的实干精神，干一行，爱一行，学一行，专一行，专业专注。紧跟党中央的战略部署，切实增强推动高质量发展、服务群众、防范化解风险本领，真正成为内行领导。树立和践行正确政绩观，努力创造出经得起历史和人民检验的实绩。要勤勉尽责，强化争先进位的意识、直面问题的勇气、改革创新的精神，敢于同先进比高下、敢于同自己过不去，始终坚持问题导向，勇于打破思维定式、思维惯性，大胆地想、大胆地谋、大胆地干、大胆地闯，不断砥砺干事创业的精气神。要弘扬正气，坚持思想要正、处事要正、为人要正，提高政治站位，坚守政治初心，永葆政治信仰，明大德、守公德、严私德，始终做到正派做人、坚守原则。要廉洁奉公，严格执行中央八项规定及其实施细则精神，严格执行廉洁从政若干准则，干净做事、清白为官，始终做廉洁从政、廉洁用权、廉洁修身、廉洁齐家的表率。

　　文明如水，润物无声。作为中华传统文化典型标本的徽州文化正在跨越时空，以其旺盛的生命力和创造力增益中国式现代化的探索，增益党员干部队伍建设，深远影响中华文明进程。